Liane Purol

Grüne Glücksorte in Berlin

Geh raus und blüh auf

Droste Verlag

Für meine Eltern, echte Berliner Pflanzen.

Dieses Buch gehört

....

....

Liebe Glücksuchende,

wenn man an Berlin denkt, dann fallen einem nicht als Erstes die Parks, Grünflächen oder kleinen Wäldchen ein. Doch das könnte sich mit der Lektüre dieses Buches ändern. Berlin ist voller Grün und noch voller mit grünen Glücksorten. Manchmal ist es nur eine Bank bei einem Baum im Schatten eines Hochhauses, manchmal ein angelegter Park mit breiten Wegen. In Berlin findet sich für jeden Geschmack und für jede Lebenslage das richtige grüne Fleckchen. Wichtig ist nur, dass der Ort einen glücklich macht, egal wie groß oder wie klein er ist: Das ist mein grüner Glücksort, hier darf ich Glück tanken. Einige Orte in dem Buch sind bekannt, an viele erinnert man sich vielleicht wieder, und einige sind hoffentlich ganz neu. Sie sind alle „echt Berlin", das hier seine vielen Facetten in Grün zeigt. Man ist überrascht, überwältigt, und man wird sich auf jeden Fall spätestens jetzt verlieben oder wieder neu verlieben in diese Stadt, die sich auch ganz zart und verletzlich zeigen kann. Verletzlich vor allem, wenn Besucher unachtsam Müll zurücklassen. Deswegen meine Bitte: Den eigenen Abfall wieder mitnehmen und vielleicht sogar das ein oder andere fremde Stück Müll aufheben und wegschmeißen, denn es geht ja um den Glücksort und die Natur, die uns bedingungslos das Herz mit Liebe, Zuversicht und Schönheit füllt.

Viel Freude beim Erkunden der grünen Glücksorte in Berlin, wünscht

Ihre Liane Purol

Deine Glücksorte ...

... noch mehr Glück für dich

Grüne Zuflucht im Zentrum

 Der Volkspark Friedrichshain

Der Volkspark Friedrichshain ist wirklich einer der schönsten Grünanlagen der Stadt. Einen Katzensprung vom Alexanderplatz entfernt, ist er die schnelle grüne Zuflucht, wenn einen der Beton der Großstadt nervt. Und gleichzeitig ist er so abwechslungsreich, dass man selbst als Berliner hier immer noch neue Ecken entdeckt. Als erste kommunale Parkanlage wird er seit Mitte des 18. Jahrhunderts immer wieder erweitert oder umgebaut. Was man auf jeden Fall entdeckt sind Freunde, ohne ein kurzes nettes Gespräch kommt man hier nicht durch. Aber das macht diesen Park eben aus. Neben den Liegewiesen, der Freilichtbühne, dem Kleinen und dem Großen Bunkerberg, den Spielplätzen, dem Volleyballfeld, den Rosen- und Duftgärten, um nur einiges aufzuzählen, ist es vor allem der kleine Bachlauf vor dem großen Teich, als Lieblingsplatz zu empfehlen. Hier ist es unter dem grünen Blätterdach an sonnigen Tagen nicht nur wunderbar schattig, sondern durch die beständig sprudelnde Quelle auch sehr erfrischend. Fotomotiv für die Großen und zum Planschen für die Kleinen – einfach einmalig. Folgt man dem Wasser zum großen Teich, steht man überrascht vor einer großen Glocke im japanischen Stil. Die Weltfriedensglocke steht 19 Mal in 16 Ländern verteilt und soll an den friedvollen Zusammenhalt der Welt erinnern. Wenn man Glück hat, entdeckt man auf dem großen Baum am Teich einen Fischreiher, der nach Beute schaut. Doch wer den Park besucht, kommt nicht um den bekanntesten Ort herum: den Märchenbrunnen. Als Kind war er für mich schon die beste Attraktion, und er hat nichts an seiner Faszination verloren. Ob man will oder nicht, man versucht die Figuren gleich den Märchen zuzuordnen: Froschkönig, Aschenputtel, Hänsel und Gretel … Was ich als Kind übersehen habe, rührt mich heute, denn der Brunnen im Stil des Neobarock wird flankiert von vier Steinfiguren, wie Frau Holle und Rübezahl, die fast versteckt zwischen den Büschen über die „Kinder" wachen. Ich sag doch, man entdeckt jedes Mal was Neues.

TIPP Am Kleinen Bunkerberg ist das öffentliche Grillen erlaubt.

○ Volkspark Friedrichshain, Am Friedrichshain, 10407 Berlin
○ ÖPNV: Tram M4, M5, M8, Bus 142, 200, Haltestelle Am Friedrichshain

Ländliche Oase

Die Bockwindmühle

Man muss zweimal hinschauen, wenn man die breite Landsberger Allee stadtauswärts durch Marzahn-Hellersdorf entlangfährt und plötzlich zwischen den Hochhäusern eine Mühle stehen sieht. Dekoration? Mitnichten! Diese Bockwindmühle ist nicht nur echt, sondern produziert sogar noch. Im Jahr 1815 bekam Marzahn seine erste Mühle, um mit der Ernte nicht mehr den weiten Weg nach Ahrensfelde antreten zu müssen. Nach vielen Standortwechseln und immer neuen Mühlen steht diese vierte Mühle hier nun seit 1994, und Müller Jürgen Wolf arbeitet an etwa 150 Tagen im Jahr mit reiner Windkraft und auf einem technologischen Stand von 1900. Die Mühle steht in einem gut erhaltenen märkischen Angerdorf, auf einer kleinen grünen Anhöhe, zu dessen Fuße sich Alpakas, Ponys und Ziegen tummeln, die hier ihr Gehege haben und zum Tierhof Alt-Marzahn gehören. Hier können Groß und Klein nicht nur schauen, sondern auch einiges über ökologische Zusammenhänge und artgerechte Tierhaltung lernen. Daneben gibt es für die Technikinteressierten und als Ergänzung auch noch einen landwirtschaftlichen Maschinenpark unter freiem Himmel. Bei so viel

TIPP Da wandern des Müllers Lust ist, auf zum nicht weit entfernten Wuhletal Wanderweg.

ländlicher Idylle zwischen den hohen Häusern muss man sich einfach wohlfühlen. Wenn man jetzt glaubt, einen Pfau schreien zu hören, weil es sich wie im Paradies anfühlt, dann braucht man sich nicht zu wundern, denn es gibt hier tatsächlich welche. Und gleichzeitig ruht über allem diese Windmühle, die was Erhabenes, Starkes ausstrahlt, so als könne sie nichts umhauen. So überrascht es auch nicht, dass hier gerne geheiratet wird. Nach der standesamtlichen Trauung in der Mühle, „vermehlt" Müller Wolf symbolisch nach alter Tradition noch einmal persönlich. Und für alle anderen Abenteuerlustigen und Wissensdurstigen gibt es in der Mühle nach Absprache Erlebnisführungen und Events, bei denen man mitmachen und was lernen kann.

▶ Bockwindmühle Marzahn, Hinter der Mühle 4, 12685 Berlin, Tel. (0 30) 5 45 89 95
www.marzahner-muehle.de
▶ ÖPNV: Bus 192, 195, Haltestelle Hinter der Mühle; Bus 154, 192, Tram 18, 27, M8, M17, Haltestelle Alt-Marzahn

Immer geradeaus

3 *Vom Treptower Park zum Plänterwald*

Es gibt tatsächlich diese Tage, wo man aufsteht und sich richtig bewegen will. Weil nach einer Woche Schreibtischarbeit und nur drinnen im Büro sein, der Körper und der Kopf nach Luft und Natur rufen und kein kleiner Park zum Flanieren reicht. Wer also diesen Drang verspürt, aber in der Stadt bleiben will und auch nichts gegen andere Menschen hat, der sollte unbedingt einen Spaziergang am Ufer der Spree, im nördlichen Teil des Treptower Parks machen. Mit der S-Bahn fährt man quasi direkt vor den Eingang. Als Erstes geht es vorbei am Hafen, den man sich für eine Spree-Schiffstour durch Berlin merken sollte. Jetzt könnte man sich natürlich schon auf eine der Bänke an der Promenade setzen und rüber zur Halbinsel Stralau sehen, aber bis zum Rosengarten mit seinen über 100 Sorten muss man noch durchhalten. Vorbei an picknickenden Familien, Fußball spielenden Jugendlichen und verliebten Pärchen. Die freien Wiesen werden ab und zu durch kleine eingezäunte Gärten unterbrochen, deren Wildheit einlädt, hier kurz hereinzuschauen. Nach der Biegung lädt der größte Biergarten Berlins zum Verschnaufen

TIPP Im südlichen Treptower Park das Sowjetische Ehrenmal besuchen.

ein. Von hier aus sieht man schon die Abteibrücke, die auf die Insel der Jugend führt, wo sich ein typisches Berliner Kulturblümchen entwickelt hat. Wer Kinder hat, dem sei der große, sehr einladende und schön gestaltete Spielplatz vor der Brücke empfohlen. Doch wer noch kann und will, geht weiter in den Plänterwald. Dieses riesige Naherholungsgebiet beherbergt den geschlossenen Freizeitpark Spreepark, der mit einer Führung besichtigt werden kann. Oder man kühlt sich auf dem Wasserspielplatz „Plansche" etwas ab. Wer damit genug Bewegung hatte, muss den Weg nicht zurückgehen, sondern steigt einfach am Ende des Plänterwalds in die S-Bahn am Baumschulenweg und fährt wieder heimwärts.

○ Treptower Park, 12435 Berlin
○ ÖPNV: S8, S9, S41, S42, S85, Bus 165, 166, 265, Haltestelle Treptower Park

Grüner wird's nicht

4 *Der Botanische Garten in Berlin-Dahlem*

Ich gestehe es: Mein erster und bisher einziger Besuch des Botanischen Gartens war auf einem Wandertag in der Grundschule. Ein Umstand, den man in dem Augenblick nicht mehr nachvollziehen kann, wenn man den Garten mit seinen 20.000 Pflanzenarten und der über 330-jährigen Tradition betritt. Man weiß vor allem gar nicht, wo man zuerst anfangen soll zu schauen, denn alle Bereiche sehen verlockend und vielversprechend aus. Eher am Teich entlang zu den Bäumen im Arboretum, zu dem leuchtenden Blumenmeer dort hinten, in die interessante Sonderausstellung oder doch zuerst in die wunderschön glänzenden Jugendstil-Tropenhäuser? Danach dann noch Bienen auf der Frühlingswiese beobachten, in den japanischen Wäldern die Stille im Schatten genießen und den originalen Spazierstock von Alexander von Humboldt im Museum begutachten. Egal wofür man sich entscheidet, die Wege führen vorbei an meist unbekannten Pflanzen und Bäumen, deren Schilder einem zum Glück gleich auf die Sprünge helfen, und das Grün benennen, das man vor sich hat. Wer hätte gedacht, dass es ein Geißblattgewächs gibt, das die „Sieben-Söhne-des-Himmels" heißt? Im Duft- und Tastgarten ist anfassen ausdrücklich erlaubt, und man muss sich dafür nicht mal bücken, sondern kann seine Nase in die Hochbeete stecken und schnuppern.

TIPP Wer die Patenschaft für eine Pflanze übernimmt, unterstützt damit den Garten.

Eine Besonderheit des Gartens sind die angelegten Steingärten mit Wald-, Heide- und Steppengebieten. Hier wandert es sich von Europa über die Alpen und den Himalaja nach Asien innerhalb kürzester Zeit. Wer hier einen Moment verschnauft, bekommt das Gefühl, im Urlaub in den Bergen zu sein. Ein Ort zum Bleiben! Sich hier auf einen Lieblingsort festzulegen, wäre viel zu schade, stattdessen sollte man einfach zu jeder Jahreszeit vorbeikommen und immer wieder neu genießen.

▶ Botanischer Garten und Botanisches Museum Berlin, Königin-Luise-Straße 6–8, 14195 Berlin, Tel. (0 30) 8 38-5 01 00, www.bgbm.org

▶ ÖPNV: S1, Haltestelle Botanischer Garten; Bus 101, X83, Haltestelle Königin-Luise-Platz/ Botanischer Garten

Botanische Nacht

5 *Die Basalt Bar im Wedding*

War der Tag mal wieder sehr lang, voll mit Schreibtischarbeit oder unaufschiebbaren Erledigungen oder wurden viele grüne Glücksorte abgelaufen und man ist einfach nur kaputt, will aber noch nicht ins Bett? Dann empfiehlt sich ein kleines feines Pflänzchen, das sich im Bezirk Wedding entwickelt hat. Fast unscheinbar in einer der vielen Wohnstraßen, geht man fast dran vorbei, wenn einem nicht die grünen Kacheln an der Hauswand auffallen. Die Basalt Bar ist unaufgeregt in einer ständig quirligen Stadt, wo viel Lärm um alles Mögliche gemacht wird, wo es darum geht, hip zu sein. Das Basalt ist auf Qualität gemixt mit Langfristigkeit angelegt. Das macht die Ruhe aus, die einem entgegenströmt, wenn man neugierig durch die Fenster schaut. Hier trifft lässige Schlichtheit auf minimalistische Schönheit, die aber nicht kühl daherkommt, sondern durch dunkle, erdige Farben und Grünpflanzen sehr heimelig wirkt. Ist man einmal drin, weiß man, dass man so schnell nicht wieder geht. Viel zu nett ist es hier. Hier hängen keine Barkeeper-Zertifikate aus, und es wird auf keine gewonnenen Preise verwiesen. Hier ist man einfach. Punkt. Unaufdringliche Musik lässt Gespräche mit den Freunden zu, genug Raum ist hier auch, dass sich das Publikum gut verteilt. Im abgetrennten hinteren Raum findet der Raucher ein frier-freies Plätzchen. Die Cocktailkarte ist klein gehalten, aber man muss trotzdem hin und her überlegen, mit welchem man anfangen möchte. Die Preise sind völlig angemessen für die Köstlichkeiten, die man bekommt. Die Klassiker gibt es eh, Fassbier und alkoholfreie Getränke auch. Die Karte wechselt je nach Saison, sodass einen immer wieder neue Geschmackserlebnisse erwarten. Keine Ablenkung durch zu verrücktes Interieur, stattdessen kann das Auge auf den vielen grünen Pflanzen ruhen oder den warmen dunklen Erdtönen, die das Grün erst recht zum Leuchten bringen. Wer sehen und gesehen werden will, sollte woanders hingehen, hier geht es ums Beieinandersein. Reden. Wohlfühlen. Lachen, während der Mixologe einen gut versorgt. Heute. Hier. Herrlich.

TIPP Wer nicht weiß, was er trinken will: Der Bartender hilft gerne weiter.

▶ Basalt Bar, Utrechter Straße 38, 13347 Berlin
▶ ÖPNV: U6, U9, Haltestelle Leopoldplatz; U9, Haltestelle Nauener Platz

Waldbaden

6   *Rundgang um den Schlachtensee*

Die 5,5 Kilometer, die man bei einem kompletten Rundgang um den See zurücklegt, merkt man nicht. Auf einem nicht zu schmalen Sandweg läuft man zwischen Bäumen des Grunewalds und dem Ufer des Schlachtensees vor sich hin. Vögel zwitschern, Enten schnattern, Blätter rauschen. Immer wieder gibt es Bänke zum Verweilen, oder man setzt sich einfach in den Sand. An Sommertagen hat man hier die perfekte Mischung aus schattigem Waldbaden und richtigem Seebaden. Die Wasserqualität des Sees ist sehr gut, es gibt am Weg immer wieder kleine Sandbuchten, sodass man immer etwas geschützt an seiner Wasserstelle ist. Oder man breitet seine Decke auf der großen Liegewiese beim Paul-Ernst-Park aus. Dass so ein Ort in Berlin seit Generationen bekannt und beliebt ist, ist klar. Somit ist man hier nie allein. An heißen Wochenenden wird es sogar richtig super voll, da sollte man sich gut überlegen herzukommen. Es drängen sich Hundebesitzer, Jogger und Radfahrer auf dem Weg, die Badelustigen im Wasser mit den Steh-Paddlern und den Luftmatratzen-Schwimmern. Wen das nicht stört, ist hier genau richtig. Wer hier langläuft, sucht auch nicht wirklich die Einsamkeit. Ein bisschen ist es sehen und gesehen werden. In keinem anderen Berliner Wald ist die „Hemdenträger-Dichte" so groß wie hier. Aber wo in den 50er-Jahren schon der ehemalige Berliner Bürgermeister und spätere Bundeskanzler Willy Brandt mit seinen Söhnen über den Schlachtensee gerudert ist, da darf das auch sein. Die historische, gut besuchte Gaststätte „Fischerhütte" im Nordosten direkt am See gelegen, hat neben seinem Biergarten und Aperol Spritz auch eine Weinhandlung und bietet von der Brezel bis zum kompletten Mittagsgericht alles an.

Wer es doch etwas ruhiger mag, der geht an der Fischerhütte vorbei, überquert die Fischerhüttenstraße und gelangt direkt zur Krummen Lanke. Der etwas kleinere See lädt ebenfalls zum Baden oder Spazierengehen auf einem rund 2,5 km langen Uferweg ein.

TIPP   Am anderen Ausgang des S-Bahnhofs ist die Smoothie + Coffee Bar von Goodies Deli.

○ Schlachtensee, 14129 Berlin
○ ÖPNV: S1, Haltestelle Schlachtensee

Janz schmuck in Rixdorf

7 *Der Körnerpark in Neukölln*

Biegt man von der lauten Karl-Marx-Straße in die ruhigere Schierker Straße ab, ist man gespannt, was einen hier erwartet. Es heißt, hier schlummert die „schönste Kiesgrube Berlins" und sogar das „Sanssouci Neuköllns". Die Erwartungen sind also groß, wenn man den kleinen Park betritt. Und man wird nicht enttäuscht. Dieser kleine, königliche neobarocke Schlossgarten passt so gar nicht in das ehemalige Arbeiterviertel, und deswegen auch wieder doch. Berlin ist die Stadt der Gegensätze, und das ist auch gut so. Auf den Rasenflächen neben dem Wasserspiel haben sich Grüppchen von jungen Menschen zusammengefunden und bereden ihre Schulaufgaben, vor der Orangerie liegt ein Sonnenanbeter, und die Mütter mit den Kinderwagen hat es in den Blumengarten gezogen. Das würde Franz Körner sicher gefallen, der hier damals seinen Privatgarten hatte, den er kurz vor seinem Tod an die Stadt Rixdorf verkaufte, um ihn der Öffentlichkeit zugänglich zu machen. Als wenn das nicht schon gereicht hätte, fand man bei Bauarbeiten 1912 in einer Gruft die sterblichen Überreste eines Reiters samt Pferd, der hier nach hunnischer Sitte in der Zeit der Völkerwanderung bestattet worden war. In der ehemaligen Orangerie ist heute eine Galerie für zeitgenössische Kunst beherbergt, die über die Stadtgrenzen hinaus bekannt ist. Der Eintritt ist sogar frei. In den Sommermonaten finden jeden Sonntag ab 18 Uhr, umsonst und draußen, Konzerte statt. Von Klassik über Salsa bis Afro-Beat kann man in die anstehende neue Woche tanzen. Und während man so in die glücklichen Gesichter der Leute schaut, versteht man, warum Neukölln so beliebt ist. Bodenständig und hip passen perfekt zusammen, und bilden hier eine kleine Enklave, die nicht komplett durchgestylt ist, sondern noch echtes Leben in sich hat. Wie schön, dass der Körnerpark hierfür den Nährboden bietet.

TIPP **Das Zitronencafé in der Orangerie bietet auch vegane Speisen an.**

🔵 Körnerpark, Schierker Straße, 12051 Berlin
🔵 ÖPNV: S41, S42, S45, S46, S47, U7, Haltestelle Neukölln; Bus 277, 377, Haltestelle Emser Straße

Hollywood im Volkspark

8 *Das Freiluftkino Rehberge*

In der linken Hand eine Tüte Popcorn, in der rechten ein Getränk, im Dunkeln nah neben dem Lieblingsmenschen sitzen und gleich für zwei Stunden in eine andere Welt eintauchen. Kino, genau. Wer glaubt, das sei an Glück nicht zu steigern, der addiert dazu: unter freiem Himmel den Mond inmitten eines großen Parks sehen zu können, zwischen hohen Fichten das Vogelgezwitscher zu hören und Fledermäuse zu beobachten, wie sie über einen hinwegfliegen. Im Freiluftkino Rehberge in Berlin-Wedding, im ältesten Volkspark Berlins, ist das im Sommer möglich. Man darf sein Essen mitbringen oder kann sich im Kino-Kiosk zu fairen Preisen etwas kaufen. Neben dem Fahrrad darf sogar der Hund mit rein, und rauchen ist auch erlaubt, wenn es den Sitznachbarn nicht stört. Dass jeder seinen Müll anschließend mitnimmt, ist eh klar. Bei 1500 Sitzplätzen und freier Platzwahl lässt es sich gut auf die aufblasbare Leinwand schauen. Die Lautstärke ist optimal, für Nutzer von Hörgeräten gibt es eine Induktionsschleife. Wer vor der Vorstellung noch Lust hat, dem ist ein Rundgang im Volkspark ans Herz zu legen. Der Wiesenpark ist großflächig und unauffällig, aber umso mehr bietet er Platz für nette Leute, die

TIPP Beim Live-Spektakel der „Rocky Horror Picture Show" dabei sein.

hier zusammenkommen und auf den Wiesen sitzen und reden, joggen oder einfach die Sonne genießen. Selbst der längliche See liegt nur still und dunkel da, bietet aber dem Fischreiher eine optimale Umgebung. Wer Aufregung will, muss woanders hin. Oder eben ins Freiluftkino und einen spannenden Film gucken. Nicht mal das Wetter ist ein Grund, nicht in das in den 30er-Jahren als Amphitheater gebaute Kino zu kommen. Da die Vorstellungen bei jedem Wetter stattfinden, will man fast auch mal bei Sommerregen hier unter einem Schirm sitzen, denn was wäre noch romantischer?

▶ Freiluftkino Rehberge, Windhuker Straße, Ecke Petersallee, 13351 Berlin
www.freiluftkino-rehberge.de
▶ ÖPNV: U6, Haltestelle Afrikanische Straße oder Rehberge; Bus 221, Haltestelle Nachtigallplatz

Das versteckte Kleinod

9 *Der Schlosspark Biesdorf*

Manchmal will man nur von A nach B und bekommt gar nicht mit, woran man vorbeigeht oder in dem Fall, durch welch hübsches Fleckchen Grün man läuft. Wer bisher immer nur für ein Konzert in der traditionsreichen Parkbühne Biesdorf hergekommen ist, sollte auf jeden Fall auch für den Park samt seinem entzückenden Schloss einmal anreisen. Das Schloss mit seinem achteckigen Turm, das genau genommen eine spätklassizistische Villa ist, wurde um 1868 anlässlich der Hochzeit des Rittergutsbesitzers Hans-Hermann Freiherr von Rüxleben errichtet und zählt heute mit seinem rötlich eingefärbten Putz zu einem der schönsten Anwesen in der Berliner Denkmallandschaft. Als kommunale Galerie des Bezirks Marzahn-Hellersdorf beherbergt es heute bei freiem Eintritt wechselnde Kunstausstellungen und bietet Veranstaltungen und Workshops an. Das sich anschließende 14 Hektar große, aufwendig restaurierte Parkareal wurde bereits zweimal mit dem renommierten „Green Flag Award" ausgezeichnet. Zu Recht, denn der königliche Gartenbaudirektor Albert Brodersen hat hier Anfang des 20. Jahrhunderts nichts dem Zufall überlassen. Breite Wege führen einen unter dem dichten grünen Dach der Laub- und Nadelgehölze an Rasen- und Wiesenflächen vorbei. Am Fontänenteich kann man sich wunderbar unter den hölzernen Parasol setzen, während der Blick zum Eiskeller mit seiner doppelten Freitreppe gegenüber geht. Hier steht die Büste von Werner von Siemens, der dieses Ensemble 1887 für sich und seine Familie als Sommersitz erwarb und zu diesem schönen Ort im englischen Stil anlegen ließ. Zwei weitere Schmuckstücke im Garten sind das Teehaus aus Robinienstämmen und Birkenästen mit seiner Inschrift „Wanderer achte Natur und Kunst und schöne ihrer Werke", sowie der angrenzende ehemalige Tennisplatz, der mit seinen Bänken nun als Ruhe- und Lesegarten dient.

TIPP Im Frühjahr wird im Park alljährlich das Biesdorfer Blütenfest gefeiert.

- Schlosspark Biesdorf, Alt-Biesdorf 55, 12683 Berlin, www.schlossbiesdorf.de
www.biesdorfer-parkbuehne.de
- ÖPNV: S5, Haltestelle Biesdorf; U5, Haltestelle Elsterwerdaer Platz; Bus 154, Haltestelle Schlosspark Biesdorf

Lese- und
Ruhegarten
Ballspieler und Hunde
müssen draussen
bleiben!

Das pulsierende Herz

10 Die Museumsinsel in Mitte

Die Museumsinsel in Berlin ist ein besonderer Ort. Man spürt Geschichte und gleichzeitig Aufbruch um sich herum. Ein Besuch in einem der Museen lohnt sich immer! Am besten schaut man, was einen am meisten interessiert. Ansonsten kommt man einfach her und genießt die Atmosphäre. Vor dem Alten Museum, gegenüber des Berliner Doms, liegt der Lustgarten. Der ehemalige Küchengarten des Berliner Stadtschlosses, wieder auferstanden durch Rekonstruktion der Fassade auf der anderen Seite der Straße, wo ab Herbst 2020 das Humboldt-Forum mit außereuropäischer Kunst eröffnet. Statt Kräutern und Kartoffeln haben sich heute auf dem Lustgarten Touristen und Einheimische hingepflanzt und genießen die Sonne. Wie passend, dass die Granitschale, die 1834 offiziell übergeben wurde, zu ihrer Entstehungszeit ein beachtetes technisches Wunder war, aber von den Berlinern gleich „Suppenschüssel" getauft wurde. Wem es hier zu quirlig ist, der geht zwischen Altem Museum und Dom in Richtung Alte Nationalgalerie. Obwohl es nur wenige Meter entfernt ist, bieten sich hier unter den Kolonnaden an heißen Tagen nicht nur erfrischender Schatten, sondern auch eine Stille, bei der das pulsierende Großstädterherz zur Ruhe kommt. Man setzt sich einfach auf die Steinbänke und lässt den Blick über die grünen Büsche wandern, bis hinüber zur Spree oder noch weiter bis zum James-Simon-Park, der auf der anderen Seite vor dem S-Bahnhof Hackescher Mark liegt. Der Blick von dort auf die Museumsinsel soll übrigens auch sehr schön sein. Es werden Liegestühle und Getränke von den anliegenden Cafés und Bars angeboten, die einem den Aufenthalt im Grünen und am Wasser noch schöner machen wollen. Oder man entscheidet sich spontan für eine Dampferfahrt, wie die Brückentour durch die Berliner Innenstadt. Aber falls es ein Donnerstag im Sommer ist, sollte man seinen Platz in den Kolonnaden nicht verlassen, denn ab 19 Uhr gibt es Lesungen und Musik. Man muss nur noch die „Berliner Weiße" bestellen, in Grün natürlich, und so den perfekten Abend haben.

TIPP Einen bleibenden Eindruck hinterlässt der Besuch eines Gottesdiensts im Berliner Dom.

Lustgarten, Am Lustgarten, 10178 Berlin
ÖPNV: Bus 100, 200, Haltestelle Lustgarten; Tram 12, M1, Haltestelle Am Kupfergraben

Königliches Flanieren

11 *Die Greenwichpromenade*

Bei schönem Wetter kommt man sich hier vor wie vor über hundert Jahren. Denn es muss genauso voll gewesen sein, als 1903 die schmale Viehweide zu einer Uferpromenade umgebaut wurde, die Menschen aus ganz Berlin anzog, die hier entlangflanieren wollten. Vom Borsigdamm bis zur Sechserbrücke reicht die Promenade noch heute. Durch die Städtepartnerschaft mit dem Londoner Stadtteil Greenwich hat die Promenade seit 1966 ihren Namen. Eine typisch rote Londoner Telefonzelle und ein alter Briefkasten erinnern daran. Gab es früher nur eine Dampferanlegestelle, kann man heute bis nach Potsdam mit einem der Boote schippern. Restaurants, Tretbootverleih und Minigolf runden das Spaßerlebnis ab. Auch wenn das Ufer gut besucht ist, schnell ist man im Spaziergeh-Modus. Vielleicht macht es das Wasser oder einfach das rhythmische Bewegen der Beine – was auch immer da in unserem Körper unbewusst passiert, es funktioniert. It's unbelievable! Und zum Glück muss man an der Sechserbrücke nicht umkehren oder schnell noch ein altes 5-Pfennig-Stück zahlen, um hinübergelassen zu werden, so wie früher. Heute darf man einfach weiterspazieren. Immer am Wasser entlang. Dabei Jollen auf dem Wasser beobachten, königlich zur Villa Borsig rüberwinken, einen Fischreiher beim Jagen beobachten und in den südlichen Tegeler Forst hineinlaufen. Rein theoretisch könnte man bis zur Villa Borsig durchlaufen, da diese sich auf der Halbinsel Reiherwerder befindet. Allerdings hat man nur Zutritt, wenn man Gast der Bundesregierung oder zufällig Tag der offenen Tür ist. Ist aber auch nicht so wichtig, denn durch das „Promenieren" fühlen wir uns eh schon ganz besonders. Also vielleicht wieder zurück, diesmal an das andere Ende, wo es einen Kanonenplatz gibt, wo sich englische Kanonen aus dem 18. Jahrhundert befinden – wenn sie nicht gerade restauriert werden. Nach so viel Rumflaniererei darf es jetzt aber ein Gin Tonic sein, um Queen Mum die Ehre zu erweisen.

TIPP Gleich beim Glücksort „Dicke Marie" weiterlesen.

Greenwichpromenade, 13507 Berlin
ÖPNV: Bus 124, 125, 220, U6, Haltestelle Alt-Tegel,

Wo das Alte Bestand hat

Der Gutspark Mahlsdorf

Kurz vorm östlichen Stadtrand von Berlin, verborgen hinter einer dicken unscheinbaren Steinmauer, versteckt sich das Gutshaus Mahlsdorf mit seinem kleinen Park. Wer die Reise hierher antritt, der wird reich belohnt. Charlotte von Mahlsdorf nahm sich 1958 des Gutshauses an und bewahrte es so vor dem Abriss. Hier konnte sie ihre Liebe zur Wohnkultur der Gründerzeit ausleben. Über Jahre hinweg baute sie das Haus in mühevoller Arbeit wieder originalgetreu auf, richtete die Räume ein mit gesammeltem Mobiliar und Alltagsgegenständen des einfachen und mittleren Bürgertums aus den Jahren von 1870 bis 1900 – ein Zeitalter, das sie aufgrund ihres verehrten Großonkels sehr liebte. Waren es 1960 zwei Zimmer, die sie für Führungen fertig hatte, sind es nun gut 17 Ausstellungsräume, die es so in Deutschland kein zweites Mal gibt. Im Souterrain findet sich die original Zillekneipe „Mulackritze" samt Vereinszimmer und Hurenstube, die sie eins zu eins aus einem Abrisshaus aufkaufte. Diese liebevolle Arbeit bis ins kleinste Detail sieht man nicht nur dem Haus, sondern auch dem Park an. Das so typische Gartenland einer Gutsanlage wurde Ende des

TIPP Wer auf den Geschmack gekommen ist, findet Wohnkultur zur Gründerzeit auch im Schloss Britz in Neukölln.

19. Jahrhunderts zu einem Landschaftspark umgestaltet und vom Landesdenkmalamt Berlin in den 90er-Jahren wieder historisch instandgesetzt. Hinter dem Haus findet sich ein kleiner Pleasureground mit fünf Beeten sowie geschwungenen Wegen, die um eine bunte Blumenwiese herumführen. Vor dem Haus steht ein Kastanienrondell mit Parkbänken, wo auch ein Gedenkstein an Charlotte von Mahlsdorf erinnert. Die als Lothar Berfelde geborene Charlotte wurde 1992 für ihren Einsatz „zur Rettung von Kulturgut" mit dem Bundesverdienstkreuz geehrt. Der Park ist tagsüber geöffnet, das Gutshaus selbst ist Mittwoch und Sonntag oder nach Absprache mit einer Führung zu besichtigen.

Gutspark Mahlsdorf, Hultschiner Damm 333, 12623 Berlin
www.gruenderzeitmuseum-mahlsdorf.de
ÖPNV: Tram 62, 63, Bus 398, Haltestelle Rahnsdorfer Straße

Wohnen mit Licht, Luft & Sonne

 Die Hufeisensiedlung in Britz

Hier muss man genau hinschauen, um nicht vorbeizulaufen. Kommt man aus einer der Seitenstraßen, sieht es erst mal wie eine normale Wohnhaussiedlung aus. Schöne bunte Fassaden, aber dass sich hier ganz bescheiden hinter dichten Bäumen im Bezirk Neukölln im beschaulichen und ruhigen Stadtteil Britz ein UNESCO-Welterbe im Stil der Berliner Moderne versteckt, ahnt man nicht. Würde man von der Luft aus schauen, könnte man schon sehen, dass sich hier was Besonderes verbirgt. Denn von oben ist tatsächlich der hufeisenförmige Komplex zu erkennen, weshalb die Siedlung auch diesen Namen trägt. Die Bauhaus-Architekten Bruno Taut und Martin Wagner planten diese Sozialbausiedlung im Zuge des Neuen Bauens in den 20er-Jahren, als immer mehr Leute nach Berlin strömten, die generell und dazu noch bezahlbaren Wohnraum brauchten. Die Siedlung sollte ein Gegenentwurf zu den dunklen Hinterhof-Mietskasernen werden, die der Berliner Zeichner Heinrich Zille nicht nur auf seinen Skizzen festgehalten hat, sondern auch so treffend beschrieb: „Man kann einen Menschen mit einer Wohnung genauso töten, wie mit einer Axt". Das Konzept der beiden ging auf.

TIPP Zum beglückenden Gutspark Britz sind es von hier nur etwa 15 Minuten zu Fuß.

Mit Häuserfarbe als architektonisches Stilmittel sowie das Einbeziehen von Grünflächen und Gärten in die Planung, bietet sich hier ein Stück Lebensraum, den man sofort bewohnen möchte. Im Inneren des Hufeisens liegt ein kleiner Teich, der sich harmonisch zu den angrenzenden Gärten der unteren Wohnungen verhält. Wer auf den Geschmack gekommen ist und mehr wissen möchte, der kann Freitag und Sonntag die eigens eingerichtete Info-Station (Fritz-Reuter-Allee 44) samt kleinem Café besuchen und eine Führung buchen. Oder in der netten Gaststätte „Zum Hufeisen" auf der Terrasse sitzen und direkt ins Welterbe schauen … und Glück verspüren.

● Hufeisensiedlung, Lowise-Reuter-Ring, 12359 Berlin
● ÖPNV: U7, Haltestelle Parchimer Allee; Bus 171, Haltestelle Onkel-Herse-Straße

Mit Dampf durch den Wald

14 *Die Wuhlheide in Oberschöneweide*

„Ach ja, die Wuhlheide …", sagt jeder glücklich seufzend, wenn man den Namen erwähnt. Ich kenne kaum jemanden, der nicht schöne Erinnerungen an gute Tage mit dem riesigen Waldgebiet verbindet. Das liegt vor allem daran, weil die Wuhlheide viel mehr als nur grüner Wald ist. Die Älteren erinnern sich gerne an Veranstaltungen in dem 1979 eröffneten Pionierpalast „Ernst Thälmann", wo es neben Sport- und Schwimmhalle, Veranstaltungsräumen auch ein Kosmonautentrainingszentrum gab. 1984 kam dann das Zeltlager im Wald dazu. Heute nennt sich das Gebäude „FEZ-Berlin" (Freizeit- und Erholungszentrum Berlin), und es ist immer noch fest in der Hand von Kindern und Jugendlichen, die sich bei den unterschiedlichsten Angeboten austoben dürfen. Neben einem tollen Badesee gibt es hier auch das „Haus für Natur & Umwelt", wo seit 1955 den Großstadtkindern die Natur nahegebracht wird. Aber auch Konzertgängern ist die Wuhlheide ein Begriff, denn in der denkmalsanierten Parkbühne Wuhlheide, finden regelmäßig Pop- und Rockkonzerte vor bis zu über 17.000 Zuschauern statt. Des Weiteren gibt es den Modell-Park. In einer Gartenanlage können sich hier die Besucher Modelle bekannter Berliner und Brandenburger Sehenswürdigkeiten ansehen – originalgetreu angefertigt im Maßstab 1:25. Oder man sucht das Abenteuer im Kletterwald. Jedoch eine der schönsten Einrichtungen des Parks ist und bleibt – für Jung und Alt – die Parkeisenbahn. Seit 1956 fährt die schmalspurige „Pioniereisenbahn" je nach Tag mit oder ohne Dampf durch den Wald der Wuhlheide. Das Besondere daran, dass sie damals wie heute von Jugendlichen betrieben wird, die hier ihrer Leidenschaft für Eisenbahnen nachgehen und nebenbei Verantwortung und Gemeinsinn erfahren dürfen. Es geht einem das Herz auf, mit welcher Hingabe die Fahrkarten kontrolliert werden. Und dann, wenn man im offenen Waggon gar nicht mal so langsam durch das Grün fährt und sich umsieht, haben alle Mitreisenden ein breites Lächeln im Gesicht, oder sogar Tränen in den Augen – was natürlich nur vom Dampf kommt, wie bei einem selbst.

TIPP Schwellenpate bei der Parkbahn werden, damit alte Streckenabschnitte wiedereröffnet werden können.

🢒 **Wuhlheide, 12459 Berlin**
🢒 **ÖPNV: Bus 190, S3, Haltestelle Wuhlheide; Tram 27, 60, 61, 67, 68,**
Haltestelle Freizeit- und Erholungszentrum

Glücklich satt

⑮ Das Paul-Lincke-Ufer am Landwehrkanal

Manchmal braucht es keinen Wald oder einen Park, um seine Lust nach Grün und Bäumen zu erfüllen. Da braucht es nur ein paar Schritte an einem Ort, an dem man sich wohlfühlt. Wo um die Ecke aber auch gleich wieder Leben und Trubel ist und man die Einkäufe für die nächsten Tage gleich miterledigen kann. So ein Glücksort ist das Paul-Lincke-Ufer in Kreuzberg. Hier gibt es keine Wiese, aber dafür ein paar Weiden, die sich tief ins Wasser des Landwehrkanals hängen, einen gut besuchten Bouleplatz, einen Naturspielplatz mit Namen „Pauli". Am Ufer kann man entspannt etwas unterhalb der verkehrsberuhigten Straße laufen und sich auf eine der Bänke setzen, aufs Wasser oder auf das bunte Markttreiben am Ufer gegenüber schauen. Das gegenüberliegende Maybachufer ist ein bisschen das Stiefkind, weil es keine so schöne Uferpromenade hat, oder die hübschen Vorgärten der netten Restaurants und Kneipen, in die man sich setzen kann. Dafür punktet es aber mit dem stadtbekannten „Türkenmarkt", der hier Dienstag und Freitag orientalisches Bazar-Flair verbreitet. Neben Fisch, Obst, Gemüse, Tee und türkischen wie internationalen Spezialitäten sowie Wohnaccessoires und Bekleidung gibt es ein wunderbares Getümmel, wo gefeilscht, gekostet und das Leben leicht und herzlich genommen wird. Wer einen Mini-Urlaub von Berlin braucht, der kommt hier auf seine Kosten.

TIPP Ein Ausstellungsbesuch im nahe gelegenen Künstlerhaus Bethanien lohnt sich immer.

Denn hier hüpft einem das Herz vor Glück, und die Sonne kann man in den Tomaten regelrecht schmecken, selbst im Winter. Am besten läuft man die klassische Runde: vom Paul-Lincke-Ufer runter bis zur Hobrechtbrücke, rüber und hoch, sich unbedingt bei den über 100 Ständen mit Leckereien eindecken, über die Kottbusser Brücke wieder zum Paul-Lincke-Ufer, dann eine freie Bank suchen und genießen. An anderen Wochentagen nutzt man die vielen Cafés und türkischen Bäckereien, die sich auf dem Kottbusser Damm verteilen. Oder man setzt sich in eins der Restaurants am Ufer, wo man immer einen guten Blick ins Grüne hat.

● Paul-Lincke-Ufer und Maybachufer, 10999 Berlin
● ÖPNV: U8, Haltestelle Schönleinstraße; U1, U3, U8, Haltestelle Kottbusser Tor

Lang gestrecktes Grün

 16 *Der Rudolph-Wilde-Park in Schöneberg*

Dem Rat eines Freundes folgend, fahre ich zum Rathaus Schöneberg, wo ein echt schöner Park sein soll, den er hier durch Zufall entdeckt hat. Aber wenn man schon mal hier ist, dann bitte eine kurze Minute für Historie einlegen, denn an diesem Ort hat John F. Kennedy 1963 seine berühmten Worte „Ich bin ein Berliner" gesprochen und der geteilten Stadt Hoffnung gegeben. Wie die Freiheitsglocke im Turm klingt, weiß jeder, der den Radiosender RIAS gehört hat, wo sie sonntags 12 Uhr immer zusammen mit dem Freiheitsschwur zu hören war. Wer nicht sofort eine grüne Wiese und Bäume braucht, der sollte auch unbedingt ins Rathaus gehen. Zum einen ist es drinnen sehr beeindruckend, und es gibt die sehenswerte Dauerausstellung „Wir waren Nachbarn" mit den Biografien von jüdischen Zeitzeugen.

Danach tut etwas frische Luft gut. Also ab in den Park, wo man als Allererstes vom Schöneberger Wahrzeichen und Wappentier begrüßt wird: dem Hirschbrunnen. Man fühlt sich eher wie in einem Kurpark, als mitten in der Stadt. Doch folgt man den Wegen, dann ändert sich das Bild nach dem U-Bahnhof, in den man ebenfalls einen Blick werfen sollte. Er ist nicht unterirdisch, aber auch keine Hochbahn, wie sonst in Berlin üblich. Und ich gestehe, ich habe ihn als U-Bahnhof nicht gleich erkannt. Dahinter läuft man eher durch einen hübschen Park, mit Liegewiesen und Joggern, vorbei an einem Enteteich, bis dann der Park von Spielplätzen dominiert wird – zumindest gefühlt. Hier erkannte ich den Park wieder. Ungefähr ab der Kufsteiner Straße geht er nämlich nahtlos in den Volkspark Wilmersdorf über. Der Park bietet durch seine angelegten Hügel und Täler samt asphaltierten Wegen viel Spaß für rollende Sportbewegungsmittel. Für Spaziergänger bietet er dadurch immer wieder etwas Neues zu sehen. Ruhig ist der Park auf den ersten Blick nicht, aber man findet hier garantiert sein Plätzchen, wo man seine kleine Auszeit oder seine Zeitung genießen kann.

TIPP In der Rathauskantine „Ratskeller Schöneberg" speisen, wo Szenen von „Babylon Berlin" gedreht wurden.

◗ Rudolph-Wilde-Park, Innsbrucker Straße, 10825 Berlin
◗ ÖPNV: Bus 104, M46, U4, Haltestelle Rathaus Schöneberg

Wo die Stille wartet

17 *Der Teufelsbruch im Spandauer Forst*

Es verschlägt einen nicht oft und schon gar nicht zufällig an die nordwestliche Stadtgrenze von Berlin, doch der Weg hierher wird belohnt! Die 1347 Hektar des Spandauer Forsts sind ein so friedliches Waldgebiet, dass man meint, gar nicht mehr in Berlin zu sein. Bekannt ist der Forst vor allem für eins der schönsten Wildgehege der Stadt, wo neben Rehen, Damwild und Wildschweinen auch Mufflons zu bestaunen sind. Doch wer das Besondere sucht, der wagt sich bitte tiefer in die Gelassenheit des Waldes, wo einem die Eichen, Birken, Ulmen und Ahorn schon nach wenigen Metern das Gefühl geben, den Alltagsstress hinter sich gelassen zu haben. Hier lässt es sich Schritt für Schritt durchatmen, und es wird einem wirklich bewusst, dass wir Menschen die Natur mehr brauchen als sie uns. Wer sich jetzt verläuft ist einfach wunderbar entspannt. Zum Glück helfen einem freundliche Spaziergänger, wieder den richtigen Weg zu finden. Neben dem Hauptwegen finden sich die Reste der stillgelegten Bötzowbahn, auf deren teilweise noch vorhandenen inzwischen bemoosten Bohlen es sich gut laufen lässt. Wenn sich plötzlich die Vegetation ändert, die Bäume lichter werden, es neben dem Weg sumpfig wird und erstes Quaken einen begrüßt, ist der Glücksort erreicht. Eine kleine hölzerne, fast märchenhafte Brücke bietet den Zutritt in eine Oase der Stille: den Teufelsbruch. Ein Moor in Berlin. Bei Weitem nicht mehr so groß, wie es einst war, aber zum Glück seit 1933 unter Naturschutz, sodass es bis heute vielen Pflanzen- und Tierarten ein Zuhause bietet. Die entspannte Stille umfängt einen, wenn man auf das Moor blickt, mit seinen schimmernden Wasserflächen samt kleinen Fröschen. Es ist wahrlich ein besonderer, magischer Ort, der zu Unrecht den gruseligen Namen trägt! Hier gibt es die Gänsehaut nur davon, was für ein Naturwunder und -schatz dieses Moor ist.

TIPP **Für den Waldspielplatz sollten man mit Kindern noch extra Zeit einplanen.**

▸ Naturschutzgebiet Teufelsbruch mit Nebenmooren, Spandauer Forst, Jagen 13, 14 und 25, Berlin
▸ ÖPNV: Bus 136, Haltestelle Aalemannufer

Britzer Bacchus

18 *Die Weinreben in Britz*

Zwischen Weinreben sitzen, einem Gedicht von Fontane mit Jazz-Begleitung lauschen und dabei ein Glas Wein trinken, der sogar von den Reben stammt, zwischen denen man sitzt. Klingt nach purem Glück. Aber in Berlin? Tatsächlich muss man nur bis in den Süden von Berlin fahren, genauer gesagt nach Britz in Neukölln, um das zu erleben. Mitten zwischen Kleingartensparte und Mehrfamilienhäusern wird hier seit 2002 Wein angebaut. Was mit dem Engagement eines Hobbywinzers begann, wird heute liebevoll vom Verein zur Förderung der Britzer WeinKultur und dem Betreiber AGRARBÖRSE Deutschland Ost e. V. betreut, die für ihre rund 1500 Pflanzen professionelle Hilfe vom Winzer Felix Schaefer bekommen. Seit Anfang 2016 ist Berlin sogar offizielles Weinanbaugebiet, dabei wurde das traditionelle Handwerk schon ab dem 12. Jahrhundert in Brandenburg betrieben. Interessanterweise weil das Trinkwasser so schlecht war und Tee und Kaffee noch unbekannt. Diverse Gründe führten Anfang des 19. Jahrhunderts zum Niedergang, um so schöner, dass der Weinanbau hier und an weiteren Orten in Berlin nun wiederbelebt wurde. Aber allein in Britz werden die Trauben auch gekeltert. Auf der Fläche eines Fußballfeldes werden mit den Hauptsorten Ortega (Weißwein) und Acolon (Rotwein) ungefähr 1000 Flaschen im Jahr produziert, die hier verköstigt oder gekauft werden können. Auch wenn sich der Wein noch nicht mit den Großen messen kann, so ist er auf jeden Fall süffig. Und während die Trauben ruhig vor sich hinwachsen, darf man ihnen dabei zusehen und entschleunigen – oder ehrenamtlich gerne mitanfassen. Neben Lesungen und den beliebten Weinfesten werden auch Führungen für Interessierte und Schulklassen sowie Seminare für Hobbywinzer angeboten. Und natürlich, wie es sich gehört, wird auch jedes Jahr eine Weinkönigin gekürt.

TIPP Eine Flasche Britzer Wein ist ein ungewöhnliches und schmackhaftes Geschenk.

Britzer WeinKultur e. V., Koppelweg 70, 12347 Berlin, www.britzer-wein.de
www.agrar-boerse-ev.de
ÖPNV: Bus 181, Haltestelle Im Rosengrund oder Am Brandpfuhl

Es grünt so grün

 Das Blumencafé auf der Schönhauser

Die bedeutende Universalgelehrte und Äbtissin Hildegard von Bingen hat gesagt, dass wir „Viriditas" zur Heilung brauchen: die Lebens- und Grünkraft, die in uns und unserer Umwelt steckt. Sie empfiehlt deshalb Spaziergänge im Grünen, für alle Sinne erfahrbar, auch für die Augen, die immer mal wieder ins Grüne schauen sollen, um sich zu erfrischen. Wer alle grünen Glücksorte in diesem Buch besucht, tut also schon mal etwas sehr Gutes für sich. Aber was ist im Winter oder wenn wir unterwegs sind und keine Zeit für eine grüne Wiese bleibt? Schnell in den nächsten Blumenladen gehen und mit Blick auf die Blumen und Pflanzen den Kopf erfrischen. Himmlisch, wenn jetzt noch ein Stück selbst gebackener Kuchen dazu gereicht werden würde, wäre es perfekt. Was sich fast zu schön, um wahr zu sein, anhört, gibt es im Prenzlauer Berg: einen Blumenladen mit Café, wo sich nicht nur die echten Papageien, die es hier gibt, wohlfühlen. Mitten zwischen Schnittblumen, Pflanzenkübeln und Kräutertöpfen darf man hier drinnen wie draußen, tagsüber im Sommer und im Winter seine Viriditas auftanken. Damit auch das Gemüt was davon hat, und wir auch die anderen Sinne ansprechen, darf man sich ruhig ein großes Stück Torte mit einem Kaffee gönnen. Oder vielleicht doch lieber was Herzhaftes? Ach, was soll der Geiz, warum nicht beides? Schließlich ist hier alles aus der Region, in kontrollierter Bioqualität, und wird mit viel Liebe selbst gemacht. Was Besseres gibt es nicht für den Bauch. Dabei kann man entspannt in den Zeitungen blättern, auf dem Gehsteig Leute beim Vorbeigehen beobachten oder den Gesprächen an den Nebentischen lauschen. Man kommt auf jeden Fall nicht drum herum, sich die Blumen und Pflanzen näher anzusehen und sich in Gedanken vorzustellen, wie sie sich in der eigenen Wohnung machen würden. Und wann hat man das letzte Mal Blumen verschenkt? Gar nicht nachdenken, am besten zwei Sträuße kaufen, einen zum Verschenken und einen für sich, denn man will ja Viriditas und die hier aufgefüllte Liebe mit vollen Händen weitergeben.

TIPP Um die Ecke ist der Mauerpark, wo es am Wochenende bunt und rund zugeht.

▶ **Blumencafé, Schönhauser Allee 127 a, 10437 Berlin, Tel. (0 30) 44 73 42 26**
www.blumencafe-berlin.de
▶ **ÖPNV: S8, S41, S42, U2, Haltestelle Schönhauser Allee; Tram M1, Haltestelle Milastraße**

Halbinsel voller Historie

 Kap Stralau in Friedrichshain

Läuft man am Ufer des Treptower Parks entlang, ahnt man nicht, was sich Wunderbares auf der anderen Seite der Spree verbirgt. An der Spitze der Halbinsel Stralau gibt es einen der schönsten Aussichtspunkte auf einem der hübschesten Fleckchen von Berlin. Der kleine Park am Ende der neuen Wohnsiedlung spendet mit seinen dichten Bäumen nicht nur wunderbar Schatten, sondern verbirgt einen auch vor neugierigen Blicken und verrät nicht so schnell, was für ein Glücksort er ist. Zum Flanieren zu klein, bietet der Park aber eine große Wiese, wo man mit Freunden seine Decke ausbreiten, einen Frisbee werfen oder sich einfach in der selbst gespannten Hängematte ausruhen kann. Einst gefundene Keramikscherben und ein Einbaum weisen darauf hin, dass dieser Ort auch schon vor 5000 Jahren sehr geschätzt wurde. Für die Leute, die ihre Gedanken gerne mit dem Wasser teilen möchten, gibt es auf dem Schwanenberg, wie die Spitze eigentlich heißt, ausreichend Bänke mit Spreeblick. Man sieht vom Aussichtspunkt auf ein Industriegelände und zwei kleine vorgelagerte Inseln in der Rummelsburger Bucht: auf Kratzbruch

TIPP *Was noch alles auf Stralau passiert ist, lässt sich auf den zwölf Lehrtafeln nachlesen.*

und die Liebesinsel, die beide unter Naturschutz stehen, was die dort zu landenden Stand-up-Paddler leider nicht wissen oder nicht wissen wollen. Die Talsandinseln aus der Endmoränenbewegung gehören den gefährdeten Bibern und Fischottern, die hier ihre Rast- und Nistplätze hoffentlich noch haben. Früher durften sich Paare noch auf der Liebesinsel treffen, weswegen sie auch ihren Namen hat. Sogar ein Ausflugslokal befand sich hier, wo man mit einem Boot von Stralau aus übersetzen konnte. Doch Stralau hat auch noch eine historische Sensation zu bieten, die heute allerdings zugeschüttet und geflutet ist. Auf Höhe der Tunnelstraße 11 befand sich zwischen 1899 und 1948 der Eingang zu einem Straßenbahntunnel unter der Spree hindurch, wo die „Knüppelbahn" nach Treptow verkehrte. Da einspurig, durfte nur der Schaffner fahren, der den Signalstab, also den Knüppel, hatte.

● Kap Stralau, Tunnelstraße, 10245 Berlin
● ÖPNV: Bus 104, 347, Haltestelle Tunnelstraße

Der verwunschene Garten

21   *Der Garten der Villa Harteneck*

Inmitten einer der schönsten Villenkolonien in Berlin, wo man ab und an zwischen den dichten Hecken und Zäunen einen Blick in die Gärten werfen kann, die gepflegt, schön und modern sind, wirkt der Garten der Villa Harteneck verwunschen und zauberhaft. Es würde einen nicht wundern, wenn sich eine geheime Tür hinter Blättern finden lässt, die einen in das Reich der Feen bringt. In den Jahren 1911/12 wurde die Villa samt Garten im neoklassizistischen Stil für den Chemiefabrikanten Carl Harteneck angelegt. Während die Villa heute noch in Privatbesitz ist, ist der Garten frei zugänglich, auch wenn der hohe Zaun samt Tor einen erst mal zögern lassen einzutreten. Der Garten begrüßt einen mit einem ovalen Fontänenbecken in der Mitte, der von der einen Seite von einer hohen, bewachsenen Pergola und von der anderen Seite mit Rosenrabatten flankiert wird. Bei meinem Besuch blühte zwar nichts, was aber der Schönheit nicht geschadet hat, denn die Natur mit ihrem eigenen Rhythmus bietet immer etwas Sehens- und Liebenswertes. Die Brunnen plätschern, und auf den weißen Bänken lässt es sich gut aushalten. Und als die Fontäne im Sonnenlicht einen Regenbogen wirft, ist man spätestens dem Zauber des kleinen Gartens erlegen.

TIPP Wer hier lesen will, Bücher gibt es im öffentlichen Bücherschrank (Telefonzelle) am S-Bahnhof Grunewald.

Die Stufen am Ende der Pergola führen einen in den Hanggarten mit altem Baumbestand. Verborgen zwischen den Gräsern auf der Wildblumenwiese lässt es sich wunderbar vor der Welt verstecken. Früher war hier der Gemüsegarten, heute ist es wirklich der perfekte Ort, um zu lesen, nachzudenken oder liegend in die Wolken zu schauen. Folgt man dem Trampelpfad, kommt man zu einem zweiten Ein- bzw. Ausgang. Überquert man hier die Fontanestraße und geht in den kleinen schmalen Park hinein, vorbei an einem Spielplatz, kommt man zum Dianasee, auf dem natürlich ein Schwan elegant seine Runden zieht. Und ich bin mir nicht ganz sicher, aber ich glaube, er trug auf seinem Rücken eine kleine Elfe.

○▶ Garten der Villa Harteneck, Douglasstraße 7–9, 14193 Berlin
○▶ ÖPNV: S7, Haltestelle Grunewald; Bus 186, M19, Haltestelle Hagenplatz

Gelassen am Wasser

22 *Das Haus der Kulturen der Welt*

Manchmal ist es ein Bild, das man betrachtet, manchmal ein geliebter Mensch und manchmal ein Bauwerk, das einem das Herz vor Glück springen lässt. Mir geht es so beim Haus der Kulturen der Welt. Die 1957 gebaute Kongresshalle hatte schnell bei den Berlinern den Spitznamen „Schwangere Auster" weg, was eigentlich nur ein Zeichen dafür ist, dass die revolutionäre Architektur von Hugh Asher Stubbins gleich ins große Berliner Herz geschlossen wurde. Ihre „Perle" liegt im vorgelagerten Wasserbecken und ist die Bronzeskulptur „Big Butterfly" von Henry Moore. Doch es finden sich auch Perlen im Haus. Das Haus der Kulturen der Welt ist heute eine international ausgerichtete Kulturinstitution, die eine Verbindung schafft zwischen Ausstellungen, Musik, Diskurs und Forschung. Das aktuelle Programm anzusehen, lohnt sich immer.

Wer zu diesem Glücksort möchte, hat gleich mehrere Möglichkeiten. Entweder nähert man sich durch den Tiergarten, hat quasi doppeltes grünes Glück. Oder türkis-grünes, wenn man vom Wasser her kommt, denn die Halle liegt genau am Spreeufer mit eigener Schiffsanlegestelle.

TIPP **Mit der Buslinie 100 weiter zu anderen Berliner Sehenswürdigkeiten fahren.** Es geht aber auch umweltfreundlich-grün mit dem Doppeldeckerbus Linie 100. Man muss die Auster ablaufen, denn sie ist rundherum schön. Von ihrer Terrasse aus, hat man einen wunderbaren Blick in den Tiergarten, auf die Kuppel des Reichtags, den Fernsehturm und das Kanzleramt sowie auf den Glockenturm, der 1987 neben der Halle errichtet wurde. Mit seinen 68 Glocken beheimatet er das viertgrößte Carillon der Welt. Es erklingt täglich computergesteuert 12 und 18 Uhr, aber Sonntag und an einigen Feiertagen im Sommer spielt der Carillonneur Jeffrey Bossin um 15 Uhr persönlich ein Konzert. Das sollte man nicht verpassen, denn das Lauschen des Glockenspiels macht den Besuch richtig rund.

▶ **Haus der Kulturen der Welt, John-Foster-Dulles-Allee 10, 10557 Berlin, Tel. (0 30) 39 78 70**
www.hkw.de, www.carillon-berlin.de
▶ **ÖPNV: Bus 100, Haltestelle Haus der Kulturen der Welt**

Seele baden

23 *Der Malchower See in Lichtenberg*

Lichtenberg hat einen kleinen Schatz, den man am Rande der Plattenbauten so hier nicht vermutet. Der Malchower See ist kein Badesee, was
einem fast gemein erscheint, wenn man vor ihm steht und er so einladend
aussieht. Doch man ist schnell versöhnt mit der Tatsache, da man die
Wasservögel und den Röhrichtgürtel nicht gefährden will. Es lässt sich
auch erst mal nett in der angelegten Parkanlage sitzen und einfach aufs
Wasser schauen. Man vergisst immer, wie gut es der Seele tut, bis man
es wieder macht. Die Gedanken werden so leicht, wie die treibenden
Entenfedern, oder so tief, wie die dunkelste Stelle im See. Hat man genug
Seele gebadet, lädt der See zu einer Spazierrunde ein. Der Weg führt
einen vom Ufer weg, durch ein kleines Waldstück. Dann nicht wundern,
irgendwann hört der asphaltierte Weg auf, man steht zögernd vor einem
Trampelpfad, von dem man nicht weiß, wo er hinführt. Denn den See,
den sieht man vor lauter Schilf nicht mehr. Die Schafe links auf der
Weide können einem da auch nicht helfen. Ob man den Trampelpfad
nutzen darf? Zumindest führt er vorbei an sumpfigem Gebiet, wo man
lieber keinen falschen Schritt macht. Man kommt schließ-

TIPP *Auf dem Naturhof
Malchow gibt es
Storchenpaare zu beobachten.*

lich in einem Waldgebiet raus, das als Bruchwaldzone beschrieben wird. Und plötzlich steht man nichtsahnend
vor einem gepflegten Gedenkstein, der gefühlt mitten im
Nichts an Günther Fries erinnert, der mit 21 Jahren an dieser Stelle beim
Kunstfliegen 1934 abgestürzt ist. Er selbst ist auf dem Malchower Dorf-
friedhof begraben, aber sein Flugzeug hat wohl der Waldsee verschluckt.
Ebenso wie die Bagger, als man versuchte, aus dem See einen ordentlichen
Badesee zu machen, woraufhin die Idee aufgegeben wurde. Läuft man
weiter, gelangt man an den Wartenberger Weg, hinter dem die Malchower
Aue liegt. Das Naturschutzgebiet ist auf einem Rundweg samt Ausschil-
derung zu erkunden und lohnt sich besonders im August, wenn die lila
Blüten der grauen Kratzdiestel zu bewundern sind. Um den Malchower
See führt ab hier ein Weg wieder zum Ausgangspunkt.

▶ Malchower See, 13051 Berlin
▶ ÖPNV: Tram M4, M5, Haltestelle Zingster Straße

Ohren auf

 Obersee und Orankesee in Hohenschönhausen

Normalerweise würde ich eher dazu raten, bei dem Besuch eines grünen Glücksortes das Handy zu Hause zu lassen. Einfach um sich nicht abzulenken, mal nicht immer erreichbar und immer ON zu sein. Aber bei diesem Spaziergang sollte es bitte unbedingt dabei sein, wenn es geht gleich mit den Kopfhörern, denn beim Ober- und Orankesee, da gibt es mehr als das Wasserrauschen zu hören. Rund um die beiden Seen hat der Förderverein der beiden Seen einen einstündigen Audio-Rundgang installiert. An 20 Stationen erfährt man mithilfe der dortigen QR-Codes über das Handy etwas zur 100-jährigen Geschichte der beiden Seen. Man hört von den heiteren wie auch schweren Stunden rund um den See und bekommt Informatives und Spannendes zu den vielen, wirklich sehr hübschen Skulpturen sowie zu den Anwohnern erzählt. Gibt es was Schöneres, als langsam am Wasser unter Ahornbäumen und vorbei an Hängeweiden zu spazieren und sich dabei etwas erzählen zu lassen? Den Rundgang genießen – mich hat es überrascht, wie wunderschön es hier ist. Beide Seen bilden den Kern des drum herum gewachsenen Villenviertels. Der Obersee wurde 1913 künstlich neben dem Orankesee angelegt. Sein Wasserspiegel liegt ein Stück höher, weswegen er seinen Namen hat. Während man in ihm nicht baden darf, bietet der Orankesee seit 1929 gleich ein ganzes Freibad mit 300 Meter Sandstrand. Ob der Sand wirklich von der Ostsee ist, wie gerne gesagt wird, erfährt man beim Hörrundgang an der Station Nummer 8. Sitzgelegenheiten wie die Liegewiese oder Bänke gibt es um die beiden Seen natürlich auch, denn wie soll man sonst den Anglern zusehen? Für Kinder wurde der tolle neue Schlangenspielplatz angelegt, daneben die Gastronomie „Orankesee Terrassen" mit griechischer Küche. Im alten Wasserturm am Obersee öffnet am Wochenende das dortige Café und eine Bar für nette Abende. Und jetzt, wo man so viel über die Seen weiß, fühlt man sich hier wie zu Hause.

TIPP Jeden Wintersonntag treffen sich die „Berliner Seehunde" zum Eisbaden.

ⓒ **Obersee und Orankesee, 13053 Berlin**
ⓒ **ÖPNV: Tram M5, Haltestelle Oberseestraße; Tram 27, M4, Haltestelle Am Faulen See**

Sich glücklich klettern

 25 *Im Waldhochseilgarten Jungfernheide*

Mir klopft das Herz bis zum Hals, und ich komme ins Schwitzen, aber nicht nur vor Glück, sondern wegen der Anspannung, die mich auf 3 Metern Höhe überfällt. Ja, ich bin gesichert, fühle mich gut aufgehoben, aber trotzdem muss ich mich erst mal daran gewöhnen, nicht im Grünen auf einer Wiese zu liegen und in die Baumkronen zu schauen, sondern aus den Baumkronen hinab auf weichen Rindenmulch. Ungewöhnlich für mich, aber Vögel haben diesen Ausblick den ganzen Tag. Der Gedanke verleiht mir fast Flügel: Ich schwebe leicht über das Seil zu meiner nächsten festen Station am Baum und spüre das Glück, was sich nun mit dem Stolz, es geschafft zu haben, in meinen Körper ausbreitet. Abschalten im Wald, aber auf die andere Art, lässt es sich hier beim Klettern im Waldhochseilgarten am Rand des Volksparks Jungfernheide. Je nach eigenem Zutrauen sucht man sich hier nach einer fachmännischen Einweisung einen passenden Parcours aus und kann sich, wenn man will, dann langsam im Schwierigkeitsgrad steigern. Schön auch, wie sich der Klettergarten in die Umgebung des Parks einfügt, der 1923 bereits als Spiel- und Sportpark angelegt wurde. Seinen Namen erhielt das

TIPP Den nächsten Geburtstag aktiv hier verbringen und „hoch" ins neue Lebensjahr einsteigen.

Wald- und Heidegebiet nach den „Jungfern" des Benediktinerinnenklosters in Spandau, das 1239 hier gegründet wurde. Im Park lassen sich lange Spaziergänge machen, und wer nach dem Klettern eine Abkühlung braucht, kann sich im Strandbad Jungfernheide in den Teich stürzen. Ich entscheide mich nach dem Klettern für die andere Art der Abkühlung, nämlich bei einer Limo im Liegestuhl der Beachbar am Wasserturm. So bleibt auch genug Zeit, um sich den 38 Meter hohen roten Wasserturm anzusehen. Der expressionistische Klinkerbau von 1927 sowie die steinernen Bären, die mich am Haupteingang begrüßt haben, wurden zum Glück restauriert und geben dem Park so zusätzlich etwas Einzigartiges.

○ Waldhochseilgarten Jungfernheide, Heckerdamm 260, 13627 Berlin, Tel. (0 30) 34 09 48-18
www.waldhochseilgarten-jungfernheide.de
○ ÖPNV: U7, Haltestelle Halemweg und Jakob-Kaiser-Platz; Bus 109, 123, M21,
Haltestelle Weltlingerbrücke

Geselliges Plätzchen

26 *Der Rüdesheimer Platz in Wilmersdorf*

Der Rüdesheimer Platz ist ein echter Hingucker. Der rechteckige Platz mitten im beschaulichen Wohnviertel ist eingerahmt von Bäumen, die an heißen Tagen Schatten für den kleinen Spielplatz spenden, und für die Besucher des Platzes, die es sich auf den Bänken am Rande gemütlich machen.

Wunderbar farbenprächtige Beete ziehen immer wieder den Blick auf sich, doch der imposante Brunnen, der fröhlich vor sich hin plätschert, stiehlt ihnen die Schau. Wer genau schaut, erkennt in der Brunnenanlage den Rosslenker Siegfried samt Vater Rhein und Mutter Mosel. Was kein Zufall ist, denn der Platz ist Zentrum des sogenannten Rheingauviertels, und sein Geheimnis offenbart sich in den Sommermonaten von Montag bis Sonnabend ab 15 Uhr, wenn der Kiosk „Weinbrunnen" öffnet. Nach und nach kommen Gäste und holen sich hier an dem Stand ihr Gläschen Wein und besetzen die Bierbänke. Ganze Gruppen mit Tischdecken rücken an, teilen sich Selbstgebackenes oder genießen Oliven und Käse. Man sitzt eng, aber zusammen. Wer oberhalb des Brunnens keinen Stuhl

TIPP Wer mal muss, darf dem grün-metallenen „Café Achteck" einen Besuch abstatten.

mehr bekommt, setzt sich einfach auf den Platz. Studenten mit Pizzakartons vom Italiener von nebenan, die jungen Mütter vom Spielplatz und ältere Anwohner sitzen zusammen und genießen den Sommer mitten in der Stadt.

Das Wort „Entspannung" muss hier erfunden worden sein. Selten findet man so eine homogene und doch unterschiedliche Menschengruppe vereint. Und das Beste ist, ein Teil davon zu sein. Die Weinschorlen sind großzügig, und man ist schnell dabei, noch eine zweite zu trinken, weil es doch so schön ist. Außerdem wäre es ja fast unhöflich, nicht die unterschiedlichen Sorten zu verkosten, denn es werden im zweiwöchigen Wechsel Weine von unterschiedlichen Weingütern angeboten, also muss man sich ranhalten. Wenn um 21.30 Uhr der Kiosk schließt, weiß man, dass man die Zeit vergessen hat. Doch was kann es manchmal Schöneres geben.

Rüdesheimer Platz, 14197 Berlin
ÖPNV: U3, Haltestelle Rüdesheimer Platz

Berlins märkisches Dorf

 Ortsteil Lübars in Reinickendorf

Immer wieder muss man sich hier fragen, ob man noch in Berlin ist. Aber ja, man ist immer noch in Berlin. Auch wenn die bestellten Felder, Pferdekoppeln und üppigen Wiesen rund um den alten Ortskern des Dorfes Lübars einen glauben lassen, man sei schon in Brandenburg. Und erst diese Stille! Bei so viel Glücksüberflutung muss man sich erst mal auf eine der Bänke am Dorfanger setzen und einfach nur genießen. Wenn dann noch die Kirchenglocken läuten, kann man nicht anders, als selig vor sich hinzulächeln. Frieden und Unaufgeregtheit um einen herum. Die alte Barockkirche auf dem Dorfanger samt kleinem Friedhof ist umgeben von teils reetgedeckten niedrigen Bauernhäusern, wo bis heute in Familientradition Handwerk und Landwirtschaft betrieben werden. Hier könnte man ewig verweilen, doch das wäre schade, denn man sollte sich unbedingt die reizvolle sattgrüne Umgebung ansehen. Folgt man dem Schildower Weg durch die Flachmoorwiesen, kommt man einige Hundert Meter vom Dorf entfernt zur letzten freisprudelnden Quelle Berlins. Die „Osterquelle" wurde bereits in den „Historischen Beschreibungen der Chur und Mark Brandenburg" von 1751 erwähnt. Heute ist sie leider nur noch ein kleines Rinnsal, aber der Weg dorthin lohnt sich allein wegen der wunderbaren Natur. Nimmt man den Barnimer Dörferweg in die Richtung Tegeler See, gelangt man zum Eichwerder Steg, der in den geschützten Moorwiesen liegt. Über einen Holzsteg laufend, kann man das Sumpfgebiet erkunden. Der NABU hat Schilder aufgestellt, die einem die Tier- und Pflanzenwelt hier erklären. Mit etwas Glück, Ruhe und Geduld sieht man dann vielleicht sogar einen Eisvogel. Wem nach mehr Leben und Getümmel ist, läuft zum Freizeit- und Erholungspark Lübars, wo man wunderbar Drachen steigen lassen, Fußball spielen oder auf den Wegen Rad fahren und skaten kann.

TIPP In den alten Telefonzellen am Dorfanger liegen Bücher zum Mitnehmen aus.

🔵 **Alt-Lübars, 13469 Berlin**
🔵 **ÖPNV: Bus 222, Haltestelle Alt-Lübars**

Blühende Kultur

28 *Das Kulturquartier silent green*

Wem in Berlin nach Kultur ist, der hat eine riesige Auswahl. Das facettenreiche Kulturprogramm Berlins muss man sich über Jahre erarbeiten, bis man ungefähr weiß, was man mag und wann, wie und wo man es findet. Wer nicht die Zeit oder die Kraft hat, sondern einfach nur mal wieder den Geist weiten und anregen will, der sollte sich auf den Weg in den Wedding machen, zum Kulturquartier silent green. Fast jeden Tag gibt es hier was zu sehen: Konzerte, Ausstellungen, Installationen, Festivals, die man so gebündelt und wunderbar inszeniert selten an einem Ort findet. Hier geht es um kreatives Miteinander, denn unter dem gemeinsamen Dach sitzen unterschiedlichste Mieter, die einen Kulturcampus bilden, der fusioniert, verbindet und verknüpft. Das macht das Programm hier so einzigartig, wo zwischen Formen, Räumen, Medien und Kunst vereint wird. Allein der Ort, der für dieses Erlebnis gefunden wurde, ist schon einzigartig: Der Veranstaltungsort befindet sich in den historischen Räumlichkeiten des ehemaligen Krematoriums Wedding. Es wurde 1910 als erstes Krematorium der Stadt geweiht. Die alternative Beisetzungsform der Feuerbestattung zeugte damals schon vom kulturhistorischen Wandel, der in der Bevölkerung einherging. Und diesen Freidenkergeist nutzt das Kulturquartier heute noch. Heute herrscht hier Leben, hier blüht die Kreativität. Das unter Denkmalschutz stehende Gebäude ist so ein Ort des Zusammenkommens geworden, der Freude und des Austausches. Besonders einladend ist dabei auch das Café MARS, wo drinnen und draußen, bei einem kleinen Kaffee oder einer großen Weinschorle diskutiert und gearbeitet werden kann. Der benachbarte Urnenfriedhof bildet den ruhigen Kontrast, das kurze Innehalten bei Vogelgezwitscher und Blätterrauschen, wenn es bei all der Kreativität zu hitzig wird. Um aber dem Ort Respekt zu erweisen, werden alle Veranstaltungen bereits um 22 Uhr beendet. Dann kehrt eine kurze Schaffenspause ein, in der neue Energie für weitere Projekte gesammelt werden kann.

TIPP **Bei der historischen Führung kann ein Blick hinter die Kulissen geworfen werden.**

silent green, Gerichtstraße 35, 13347 Berlin
www.silent-green.net, www.mars-berlin.net
ÖPNV: S41, S42, Haltestelle Wedding; U6, Haltestelle Wedding und Leopoldplatz; Bus 247, M27, Haltestelle Nettelbeckplatz/S Wedding

Juwel am Wasser

29 *Landhausgarten Dr. Fraenkel*

Die Winter in Berlin sind kalt, lang, feucht und grau. Man übersteht diese eigentlich nur, weil man weiß, dass danach immer wieder ein Frühling mit Sommer kommt, auch wenn er manchmal auf sich warten lässt. Man ist dann hungrig auf Sonne, Grün und Draußensein – und auf Kuchen! Spargel, die ersten Erdbeeren, das erste Spaghettieis des Jahres, alles wunderbar, aber der Sommer beginnt erst mit einem großen Stück selbst gebackenem Kuchen im Sommercafé des Landhausgartens Dr. Fraenkel in Kladow. Von April bis Ende September kann man in diesem Gartenjuwel sitzen, das Ende der 20er-Jahre vom „Lenné des 20. Jahrhunderts", dem Berliner Stadtgartendirektor, Gartenarchitekten und Professor Erwin Barth, für den Bankdirektor Dr. Max Fraenkel angelegt wurde. Nichts ist schöner, als den süßen Kuchengeschmack auf der Zunge zu haben und dabei auf die ersten Blumen zu blicken, das frische satte Grün der Bäume und Hecken oder den terrassierten Hang hinab auf die tiefblaue Havel. In der Sommerresidenz findet sich eine naturhafte Teichanlage neben den Rosen-, Obst- und Gemüsegärten. Nach der Emigration von Dr. Fraenkel ging das Gelände 1938 in den Besitz des deutschen Reichs über und wurde vielfach anders genutzt, bis es nach der Wiedervereinigung auf Grundlage der Originalpläne und historischen Fotos liebevoll saniert wurde. Nach dem Kuchen muss man deswegen unbedingt eine Runde durch das denkmalgeschützte Anwesen drehen. Die Informationstafeln lassen einen dabei ehrfürchtig werden, wenn man nachliest, wie viele Gedanken sich Barth beim Anlegen dieses Gartens gemacht hat. Ich habe schon Probleme bei meinen drei Blumenkästen auf dem Balkon. Umso schöner, dass man den Garten kostenlos besuchen und sich hier inspirieren lassen darf. Die weißen Bänke bieten auch immer wieder schöne Verweilmomente und von jeder aus hat man einen anderen Blick auf das Gartenjuwel. Mit so viel Glück im Herzen, braucht man vorm Gehen unbedingt noch ein Stück Kuchen, um das Schöne sacken zu lassen und so für den Winter vorzusorgen.

TIPP Die Fähre beim S-Bhf Wannsee nach Alt-Kladow nehmen und 30 Minuten am Ufer zum Garten laufen.

Landhausgarten Dr. Fraenkel, Lüdickeweg 1, 14089 Berlin
ÖPNV: Bus 134, X34, Haltestelle Hottengrund

Weitblick

30 Der Drachenberg im Grunewald

Der 120 Meter hohe Teufelsberg mit seiner ehemaligen US-Abhörstation ist ein spannender Ort, das lässt sich nicht bestreiten. Wer will, sollte diesen besteigen und auch an einer Führung über das Gelände teilnehmen. Auch seinen kleinen 99 Meter hohen attraktiven Bruder, den Drachenberg, kann man von dort sehen: Er ist oben flach, nicht mit Bäumen bewachsen, und sicher sieht man auch einen Lenkdrachen im Wind spielen oder sogar ein Modellflugzeug starten. Auf jeden Fall sieht man dort Leute entspannt auf dem stoppligen Grün picknicken und die Sicht über Berlin genießen. Denn die Aussicht bei gutem Wetter und die Atmosphäre sind einmalig in Berlin. Grüppchen sitzen zusammen, reden und lachen auf dem relativ großen Areal, wo man sich nicht quetschen muss. Die Stimmung ist auch deswegen so harmonisch, weil alle die 280 Stufen oder den stufenlosen Weg erklommen und sicher geschnauft haben – das verbindet! Ist man oben auf dem Drachenberg, schaut man erst mal in alle Richtungen. Wo liegt was? Ist das nicht …? Funkturm und Fernsehturm sind auf alle Fälle auch für Nichtberliner und Ortsunkundige gut identifizierbar. Zu später Stunde füllt es sich

TIPP *Das Georg Kolbe Museum mit Garten und Café K ist nur 15 Gehminuten entfernt.*

etwas, denn es gibt hier was ganz Besonderes zu sehen: Den Sonnenuntergang! Ein alltäglicher, aber ergreifend schöner Moment von hier oben.

Der Drachenberg ist wie der Teufelsberg ein typischer Berliner Trümmerberg und wie die anderen nach dem Zweiten Weltkrieg entstanden. Fast gar nicht vorstellbar, dass es diese Berge nicht schon immer am Rande des größten Waldgebiets im Westen von Berlin, dem Grunewald, gegeben hat. Nach dem Sonnenuntergang aber schnell runter, denn hier ist es stockduster ohne Lampen. Oder man bleibt bis zum Sonnenaufgang, der noch besser sein soll, beobachtet bis dahin die nächtliche Stadt, die niemals schläft. Sicher sehr reizvoll. Und Silvester von hier oben, das ist der Knaller. Man kommt am besten noch mal wieder.

Drachenberg, Teufelsseechaussee, 14193 Berlin
ÖPNV: Bus 218, 349, M49, X34, X49, S3, S5, S9, Haltestelle Heerstraße

Grün färben

 Das Museumsdorf Düppel in Zehlendorf

Nach knapp 2 Stunden ist die Führung vorbei, und ich bin hin und weg, wie großartig es hier ist. Und wie wenig ich bisher über das Dorfleben im Mittelalter wusste. Dass die Kinder bei der täglichen Arbeit mithelfen und die schweren Mühlsteine drehen mussten, weil die Eltern auf dem Feld waren, wobei man ab 7 Jahren eh nicht mehr als Kind galt. Trotzdem war Brot nicht sehr häufig im Speiseplan, die Hauptnahrung bestand aus Getreidebrei. Der war aber durch den Mühlstein mit kleinen Steinchen versetzt und … ach, das lässt man sich am besten vor Ort von einem der ehrenamtlichen Mitarbeiterinnen oder Mitarbeitern erzählen, die jeden Sonntag während der Saison von März bis Oktober 12.30 Uhr eine tolle Führung anbieten. Diese kleine Enklave mitten in Zehlendorf ist für Groß und Klein ein interessanter und bezaubernder Ort, an dem man was zum Gucken und auch noch zum Lernen hat, wenn man will. Das Museumsdorf wurde 1975 gegründet und zeigt das Leben, die Häuser und das Arbeiten in einem Dorf, wie es im mittelalterlichen 12. Jahrhundert hätte bestehen können. Doch dieses Freilichtmuseum ruht sich nicht auf archäologischen Funden und Erkennt-

TIPP Hier in einem Kurs oder Workshop altes Handwerk neu erlernen.

nissen aus, sondern die Ehrenamtlichen betreiben vor Ort experimentelle Archäologie, die hilft, unsere Vorfahren besser kennenzulernen: Neben einer Töpferei, Weberei und einer Schmiede kann man auch die landwirtschaftliche Arbeit und die Nutztiere bestaunen. Die Mitarbeiter der Arbeitsgruppen zeigen am Wochenende ihr handwerkliches Können. Und so erfährt man dann auch, wie man einst die Stoffe grün gefärbt hat und wie man es zu Hause nachmachen kann.

Es gibt hier natürlich den ein oder anderen Besucher, der einfach nur die harmonische, entschleunigte Atmosphäre um sich herum genießen will. Denn es ist so was von herzlich und aufgeschlossen hier, dass man es nur jedem ans Herz legen kann, diesen Ort zu besuchen. Ein Ort zum Verlieben! Alle arbeiten mit Herzblut für dieses Dorf, um Geschichte greifbar und erlebbar zu machen.

Museumsdorf Düppel, Clauertstraße 11, 14163 Berlin
www.dueppel.de
ÖPNV: Bus 115, Haltestelle Ludwigsfelder Straße; Bus 118, 622, Haltestelle Clauertstraße

Ab ins Grüne

 32 *Entlang der Havelchaussee im Grunewald*

Was das Besondere an der Havelchaussee im Grunewald ist, kann ich nicht beschreiben, man muss es wirklich selbst erleben. Sie schlängelt sich durch den Wald nahe des Ufers der Havel, bietet viele wunderbare Aussichtspunkte und Sehenswürdigkeiten, spendet Schatten auch bei der schlimmsten Hitze und verführt einen mit ihren Sandbuchten ins Wasser zu hüpfen und sich abzukühlen. Man kann den angelegten Havelhöhenweg ablaufen oder mit dem Rad oder dem Auto fahren. Aber am schönsten fährt es sich in der Sommersaison im historischen Doppeldeckerbus, Linie 218, die allerdings nur zu bestimmten Zeiten verkehrt. Die besten Plätze in den Bussen aus den 60er- oder 70er-Jahren sind natürlich oben, weil man von hier den besten Ausblick hat.

Vom Bahnhof Messe Nord geht es los. Erst ein bisschen Stadt, dann wird ins Grüne abgebogen. Wer etwas laufen will, kann an der Haltestelle Schildhorn aussteigen und bis zur nächsten Haltestelle Grunewaldturm entlang der Havel wandern und bei viel Bewegungsdrang auch gleich die 36 Meter bis zur Aussichtsplattform des Grunewaldturms erklimmen. Der Turm überragt das Blätterdach und bietet somit einen fan-

TIPP *Auf der Heerstraße, nach der Haltestelle Mohrunger Allee, sieht man das berühmte Corbusierhaus.*

tastischen Blick über die Havel bis hinüber nach Gatow. Es lohnt sich also, die 200 Stufen des Turms, der anlässlich des 100. Geburtstags Kaiser Wilhelms I. 1897 erbaut wurde, hinaufzusteigen. Danach geht es weiter im Bus bis zur Haltestelle Lindwerder. Wer die Insel Lindwerder mit ihrer Gaststätte besuchen will, muss mit einer Glocke die Fähre rufen. Oder man steigt an einer der nächsten Stationen aus, wo sich die Badestellen aneinanderreihen und einen zu einem nassen Zwischenstopp einladen. Wem der Tag genug mit Glück gefüllt ist, der steigt am S-Bahnhof Wannsee aus und fährt beseelt mit der Bahn nach Hause. Wer aber noch kann und will, der fährt mit dem Bus bis zum grünen Glücksort Pfaueninsel weiter und holt sich bei deren Besuch noch einmal eine Extra Portion Freude ab.

▶ **Havelchaussee, 14193 Berlin**
www.traditionsbus.de
▶ **ÖPNV: Bus 218, Haltestelle Witzleben**

Wie im Märchen

 Der Gutsgarten von Schloss Britz

Fährt man den Britzer Damm stadteinwärts, steht in einer Autoschlange an der roten Ampel und schaut sich nach rechts um, ist man ziemlich erstaunt, was zwischen Sträuchern plötzlich zu sehen ist. Hinter dem tieferliegenden Kirchteich, der Mitte des 13. Jahrhunderts geweihten Dorfkirche aus Feldstein, erstrahlt das weiße Schloss Britz. Und wie es sich für ein richtiges Schloss gehört, befindet sich dahinter der Schlossgarten, der sich bescheiden Gutspark nennt. Das einstige Rittergut der Familie Britzke wurde Anfang des 18. Jahrhunderts zu einem barocken Lust- und Nutzgarten umgestaltet. Die noch heute erhaltene Lindenallee zeugt davon. Entspannt lässt es sich hier unter den Buchen, Kastanien und Ulmen entlangflanieren, vorbei am blühenden Rhododendron zu dem jungen Mädchen, was bekümmert auf ihren zerbrochenen Krug sieht. Der Bronzeabguss „Milchmädchen" schmückt seit 1998 den Park und ist ein Geschenk der Stadt Sankt Petersburg, wo es 1816 der Bildhauer Pawel Petrowitsch Sokolow in Anlehnung an die Fabel „Der Milchtopf" für den Park des Katharinenpalastes schuf. Märchenhaft geht es weiter, denn wenn man

TIPP

Im Dezember den nordischen Märchenweihnachtsmarkt auf dem Gut besuchen.

Glück hat, dann wird vor dem Schloss gerade geheiratet. Immer wieder bezaubernd ein glückliches, stolzes und aufgeregtes Brautpaar zu sehen. Im besten Fall ist es wie im Märchen, und sie leben glücklich bis an ihr Lebensende zusammen. Zumindest färbt deren Glück hier regelrecht auf die Umgebung ab. Kein Wunder, dass im Park der älteste Ginkgobaum Berlins steht. Er ist das Symbol für die Liebe und die Unsterblichkeit, der alle seine Feinde überlebt. Nebenan sind die ehemaligen Stallungen zu einer Kulturscheune ausgebaut worden, wo man Konzerten, aber auch dem Wiehern der Pferde, die neben vielen anderen Tieren zum historischen Tiergehege gehören, lauschen kann. Auf der anderen Seite des Parks, außerhalb des Zaunes, verstecken sich Spiel- und Liegewiesen und ein Spielplatz. Sowie ein weiterer märchenhafter Ort: ein prächtiger Rosengarten, der hier in den 50er-Jahren angelegt wurde und auch unbedingt bestaunt und beschnuppert werden sollte.

● Gutsgarten des Schloss Britz, Alt-Britz 73, 12359 Berlin
www.schlossbritz.de
● ÖPNV: U7, Haltestelle Parchimer Allee; Bus M44, M46, Haltestelle Fulhamer Allee

Die Wiege der Gelassenheit

 In der Gartenstadt Frohnau

Steigt man bei der S-Bahn-Station Frohnau aus, steht man schon mitten im Herzen von Frohnau. Vor dem Empfangsgebäude im Jugendstil liegen linker Hand der Ludolfingerplatz und rechter Hand der Zeltingerplatz. Beide sind durch die Brücke, die über die S-Bahn führt, verbunden. Kleine Läden und hübsche Boutiquen gibt es hier zu entdecken. Auf jeden Fall muss man nach oben blicken, denn sonst entgeht einem der prächtige Kasino-Turm, das denkmalgeschützte Wahrzeichen Frohnaus. Während der Ludolfingerplatz eher den bescheideneren, kleinen Platz mimt – wobei er natürlich durch die ihn umgebenen Kastanien eine Menge hermacht und sich die Menschen hier gerne auf den Rasen legen –, wirkt der Zeltingerplatz etwas glamouröser mit seiner weinbewachsenen Pergola auf der Aussichtsterrasse und dem Springbrunnen mit der bronzenen Kugelläuferin. Hat man sich auf der Brücke mit leckeren Backwaren eingedeckt, lassen diese sich gut auf einer der Bänke verspeisen.

Die „Frohe Aue" entwickelte sich nach ihrer Gründung 1907 schnell zu einer Villen- und Landhauskolonie – für Bankiers, Fabrikbesitzer, Wissenschaftler und gehobene Beamte – mit einem Geist der Gelassenheit, weil Geld keine Rolle spielt. Noch heute kann man das spüren. Den Geist der Gelassenheit findet man ganz in der Nähe auch am Ende des lang gestreckten Parks am Edelhofdamm, auch wenn das einen ganz anderen Grund hat. Hier hat der Arzt und Buddhist Dr. Paul Dahlke ein Wohnhaus samt Tempelanlage bauen lassen, das er 1924 bezog. Das Buddhistische Haus sowie der dazugehörige Garten sind tagsüber geöffnet. Nach dem Durchschreiten des prächtigen Tors muss man nur noch die rund 80 steilen Stufen erklimmen, denn das Haus liegt auf einer Anhöhe unter wilden Kiefern. Ein kleiner Rundgang lohnt sich. Und wer sich jetzt immer noch nicht gelassen fühlt, kann am Altar vor der Statue Buddhas darum bitten.

TIPP Ein Blick in die imposante evangelische Johanneskirche aus den 30er-Jahren werfen.

Frohnau, 13465 Berlin
www.frohnau-berlin.de
ÖPNV: S1, Haltestelle Frohnau; Bus 125, 220, Haltestelle Frohnau und Zeltinger Platz

Massives Glück

 Steine ohne Grenzen im Hobrechtswald

„Dit is so wat von jotwede hier", denke ich, während ich durch den Bucher Forst fahre. Bin ich überhaupt noch in Berlin? Ja, bin ich, aber nur ganz knapp. Kurz vorm Ortsausgangsschild sehe ich schon einige Kunstwerke durch die Bäume blitzen. Hier am Rande des Hobrechtswalds, wo die Natur tatsächlich wie unberührt scheint und ein liebreizendes Vogelkonzert mich begrüßt, sind Kunstobjekte aus Stein harmonisch in die Umgebung eingefügt. Im Rahmen des internationalen Bildhauersymposiums „Steine ohne Grenzen – für Frieden und Menschlichkeit" wurden sie hier aufgestellt. Diese Skulpturen folgen der Idee, von Moskau bis Paris einen Friedensweg zu etablieren. Bisher gibt es elf Kunstwege dieser Art in Europa. Dieser hier erstreckt sich über einen 18 Kilometer langen Wanderweg von Berlin-Buch bis nach Barnim. An dem Traum des von den Nazis ermordeten Bildhauers Otto Freundlich und seiner Lebensgefährtin Jeanne Kosnick-Kloss wurde seit den 50er-Jahren gearbeitet. 1959 wurde das erste Symposion in Österreich abgehalten. Zwölf Jahre später im Saarland durch den Bildhauer Leo Kornbrust das erste in Deutschland. In Berlin und Brandenburg setzen es seit 2001 die Bildhauerin Silvia Christine Fohrer und der Bildhauer Rudolf J. Kaltenbach um. Ich bin heute die einzige Besucherin, die an den über 100 Kunstobjekten vorbeigeht.

TIPP Der QR-Code auf der Infotafel leitet zu einem Audioguide, wo beide Initiatoren zu Wort kommen.

Klar, es ist jotwede – janz weit draußen – aber lohnenswert. Grüne Natur samt Tierwelt gepaart mit Skulpturen ergibt eine Mischung, bei der man auch seine Grenzen im Kopf verlässt. Mit jedem Schritt hier am Wald kann man sich befreiter und friedlicher fühlen, den Alltag und die Stadt hinter sich lassen und die Skulpturen betrachten. Frei fühlt sich mein Kopf, als ich vor einer Skulptur stehe, und merke, dass ich sie gar nicht mit dem Verstand erfassen kann. Mein Herz versteht die Sprache des Friedens und der Menschlichkeit, dem die Künstlerinnen und Künstler hier Ausdruck verleihen. Vielen Dank dafür.

▶ Steine ohne Grenzen, Hobrechtsfelder Chaussee, 13125 Berlin
www.bildhauersymposion.jimdo.com
▶ Anreise am besten mit dem Auto bis zum Parkplatz „Steine ohne Grenzen"

Garten Eden

36 Späth-Arboretum der Humboldt-Universität

Läuft man die stark befahrene Späthstraße in Treptow zum Eingang des Arboretums entlang, ahnt man noch nicht, was sich hier für ein kleines Paradies verbirgt. Betritt man den Garten, dessen Sammlung über 1000 verschiedene Gehölzarten – wilde und gezüchtete Bäume und Sträucher – und noch einige andere Pflanzenarten beherbergt, verstummt der Straßenlärm. Man taucht regelrecht ein in diesen Garten Eden. Die Mischung aus angelegten Wegen und der leuchtend grünen Vielfalt der Pflanzen, lässt einem das Herz so freudig springen, wie das Eichhörnchen, das unbeeindruckt den Weg kreuzt. Neben dem Steingarten und der Teichanlage finden sich auch immer wieder Skulpturen, die das Arboretum gefühlt zu einem Park machen. Gegenüber befindet sich die Systematische Abteilung, wo man die natürliche Verwandtschaft der Arten unter die Lupe nehmen kann, indem man sie vergleicht. Schließt man die Augen und folgt seiner Nase, führt diese einen direkt zum hier angelegten Arznei- und Gewürzpflanzenbeet. Man beneidet die fleißigen Gärtnerinnen und Gärtner, die in den Anlagen liebevoll ihre Arbeit machen und dankt Franz Späth, dem Besitzer der um 1900 weltgrößten Baumschule, dass er hier neben seinem Wohnhaus einen anspruchsvollen Versuchsgarten angelegt hat, um zu erproben welche Pflanzen in unseren Breitengraden gut gedeihen.

TIPP In der dahinterliegenden Baumschule die Gartenskulpturen von Franz Christanell bewundern.

Somit hat er einen botanischen Garten geschaffen, der aber nicht nach geografischen, sondern nach ästhetischen Aspekten von dem Berliner Stadtgartendirektor Gustav Meyer mit Blickachsen und Wechselspielen von Gehölzgruppen und Freiflächen angelegt wurde. Seit 1961 gehört das Arboretum zur Humboldt-Universität. Eigentlich als Lehr- und Forschungsstätte genutzt, ist das Späth-Arboretum für alle anderen Besucher im Sommer jeweils Mittwoch, Donnerstag, am Wochenende sowie zu Veranstaltungen und Führungen geöffnet.

○ Späth-Arboretum der Humboldt-Universität, Späthstraße 80/81, 12437 Berlin, Tel. (0 30) 2 09 39 83-60, www.biologie.hu-berlin.de/de/gruppenseiten/arboretum
○ ÖPNV: Bus 170, 265, Haltestelle Baumschulenstraße/Königsheideweg

Gelungene Gartenkünste

37 *Die Gärten der Welt in Marzahn*

Wer die Gärten der Welt bereisen will, braucht keinen Jahresurlaub nehmen. Einen ganzen Tag sollte man aber schon einplanen, um in Marzahn-Hellersdorf in die wunderbar fremden sowie heimischen Garten- und Landschaftskulturen einzutauchen. Allein die Frage, wo man anfangen soll, verflüchtigt sich in entspannte Gelassenheit, denn kaum hat man den Park betreten, möchte man sich auf eine der grünen Wiesen legen und erst mal ganz in Ruhe ankommen. Viele der anderen Gäste sind schon Wiederholungstäter, was man an ihren Decken, mitgebrachten Kartoffelsalaten und Outdoorspielen erkennt. Es ist ihnen nicht zu verdenken, denn hier ist im Rahmen der IGA 2017 – unter Einbezug des vormaligen Erholungsparks Marzahn – ein wirklich prall gefüllter grüner Glücksort entstanden. Aber keine Sorge, hier wird nicht nur entspannt, gelaufen oder geschaut, hier gibt es auch viel zu erleben. Ein Highlight für alle ohne Höhenangst ist die Seilbahn, von wo aus man sich einen guten Überblick über den Park verschaffen kann, um dann auf dem Kienberg vom Aussichtsturm Wolkenhain einen großartigen Rundumblick über Berlin zu haben. Am Boden lässt es sich ruhig durch den japanischen Zen-Garten streifen, meditativ in den Wassergärten der Promenade Aquatica verweilen oder staunend durch die internationalen Gartenkabinette spazieren. Wer sich völlig im Grün verlieren will, macht das am besten im Hecken-Irrgarten. Wer Exoten sucht, findet sie im Tropenhaus, wer das Heimische mag, besucht den Karl-Foerster-Staudengarten. Und auf keinen Fall dürfen die Themengärten ausgelassen werden. Oder der Rhododendronhain mit den Märchenfiguren. Oder der Wasserweg mit seinen 17 sprudelnden Brunnen. Gut, vielleicht muss man doch noch einen zweiten Tag einplanen, wenn man hier die ganze Welt sehen will, aber ich kenne niemanden, der nicht wieder gerne hierherkommt. Und dann am besten gleich auch an den Picknickkorb denken.

TIPP Sich dick im Kalender die Veranstaltungen wie das Höhenfeuerwerk vormerken.

▶ Gärten der Welt, Haupteingang Blumberger Damm 44, 12685 Berlin, Tel (0 30) 7 00 90 67 20
www.gaertenderwelt.de
▶ ÖPNV: U5, Haltestelle Kienberg (Gärten der Welt); Bus X69, Haltestelle Blumberger Damm/
Gärten der Welt; Bus 195, Haltestelle Eisenacher Straße/Gärten der Welt

Auf Augenhöhe

38 *Klein-Venedig in Spandau*

Tiefwerder im Bezirk Spandau sticht einem von den Brücken der Heerstraße, wo man oft im Stau steht, schon ins Auge. Doch um zu erfahren, was es für einen Schatz hütet, muss man es besuchen. Im Dorfkern findet sich das ehemalige Kolonistendorf mit seinen historischen Häusern, die unter Denkmalschutz stehen. Im Osten und Süden grenzt das Landschaftsschutzgebiet Tiefwerder Wiesen an den Ortskern. Altarme der Havel durchziehen das Gebiet, weshalb es auch ein Überschwemmungsgebiet ist. Hechte haben hier ihre Laichplätze, und so ist die Landschaft auch wichtig für den Artenschutz. Die zahlreichen Wasserläufe zwischen den Schrebergärten werden „Klein-Venedig" genannt. Wie im echten Venedig, kann man die Kanäle nur mit kleinen Booten durchqueren – zum Glück. Der Startpunkt, gerade wenn man kein eigenes Kajak oder ein SUP hat, ist der Bootsladen im Brandensteinweg, wo man neben einer freundlichen Einweisung auch eine Karte für die Rundtour bekommt. Dann kann es gleich auf dem Hauptgraben losgehen. Schnell hat man den Trick raus und lässt sich ruhig durch das frische, klare Wasser gleiten. Das Wasser ist ganz ruhig, und es gibt so gut wie keinen anderen Wasserverkehr. Das dichte Grün der Bäume und die vielen gelben Seerosen geben einem ein Gefühl, tief in die Natur eingetaucht zu sein. Allein die bunten Schrebergärten erinnern einen daran, dass man noch in der Stadt ist. Plötzlich sieht man einen Fischreiher, der völlig unbeeindruckt stehen bleibt, als man an ihm vorbeigleitet. Und spätestens, wenn man von der jungen Entengruppe belagert wird, die versuchen einem Brot abzuluchsen, dann ist man plötzlich auf Augenhöhe mit der Natur. Paddelt man weiter, verlässt man irgendwann Klein-Venedig und kommt in den Südhafen, wo neben Bootsplätzen auch Industrie zu finden ist. Wenn man da schnell ist, gelangt man aber bald wieder in nette Ecken, paddelt durch den Pichelssee und um Pichelswerder herum wieder zurück in den Stößchensee. Hebt man den Blick, sieht man die Autos auf den Brücken der Heerstraße und ist froh, hier unten zu sein.

TIPP Neu Venedig liegt in Köpenick und kann ebenfalls nur durchpaddelt werden.

- Klein-Venedig in Tiefwerder, 13595 Berlin
- ÖPNV: Bus M49, Haltestelle Pichelswerder

Frei wie ein Vogel

39 *Der Kulturdachgarten Klunkerkranich*

Ruhige Waldspaziergänge, wo man den Vögeln und dem Wind lauscht, sind was Wunderbares. Aber manchmal muss es etwas mehr sein. Dann will man gute Musik und dazu den Körper durchschütteln oder wenigstens rhythmisch im Takt dazu mit dem Kopf nicken. Am besten noch ein kühles Getränk und nicht den Blick bis nur zum nächsten Baum, sondern möglichst weit – bis zum Horizont. Aber trotzdem draußen und im Grünen. Man wäre nicht in Berlin, wenn das nicht möglich wäre. Im Klunkerkranich ist man da genau richtig. Urbanes Gärtnern funktioniert eben nicht nur am Boden, sondern auch in luftiger Höhe, im fünften Stock, mitten im angesagten Neukölln an einer sehr belebten Einkaufsstraße auf einem Parkdeck einer Shoppingpassage. Wer das erste Mal hierherkommt, muss die Aufzüge zu den Parkdecks suchen und dann nur noch den Massen folgen. Wer skeptisch ist, wird sofort eines Besseren belehrt, denn dieser Ort ist nicht nur unglaublich angesagt, er ist auch tatsächlich was Besonderes und ganz wunderbar. Entspannte Leute – Einheimische wie Touristen, zu zweit oder in großen Gruppen,

TIPP Für grünen Boden unter den Füßen ist der Comenius-Garten nicht weit entfernt.

gerade aufgestanden oder bereits mit dem Tagwerk fertig, frisch vom Einkaufen oder auf dem Weg dahin – verteilen sich über das Dach zwischen den blühenden Hochbeeten. Wie praktisch, dass es hier auch leckeres Essen gibt, denn ist man erst mal hier, will man nicht so schnell wieder weg. Ab 16 Uhr beginnt dann das musikalische Programm. Wer schon früher die Knochen schütteln will, sollte nach der Sonderveranstaltung „Morning Dance" schauen, wo bereits ab 12 Uhr getanzt wird. Jeder nach seiner Fasson. Verschwitzt und glücklich darf man dann den Sonnenuntergang genießen, während man eine grüne Berliner Weiße im Glas hat und die Nase in der Zitronenmelisse, die neben einem wächst. Wer sich nicht von dem schönen Ort trennen kann, der darf am Wochenende gerne die ganze Nacht hier feiern und dann am nächsten Morgen für die wund getanzten Füßen gleich neue Schuhe kaufen.

▶ Klunkerkranich, Neukölln Arcaden, Karl-Marx-Straße 66, 12043 Berlin
www.klunkerkranich.org
▶ ÖPNV: Bus 104, 166, U7, Rathaus Neukölln

Das Schmuckstück Leben

 Der Monbijoupark in Mitte

Diese Grünanlage ist nicht groß, aber dafür umso wichtiger, hier wo sich die Touristen durch die Innenstadt schieben und man von einer historischen Sehenswürdigkeit zur nächsten fällt. Wer glaubt, er hat hier kurz seine Ruhe vor „Kultur", hat leider Pech, denn der Monbijoupark ist nicht nur grüne Durchatmer-Oase, sondern ebenso eine historische Attraktion wie die ihn umgebenden Gebäude. „Mein Schmuckstück", was Monbijou aus dem Französischen übersetzt heißt, war wohl einst das schönste Anwesen an der Spree. Ein entzückendes Rokokoschloss mit einem Garten, wo kunstvoll geschnittene Hecken, herrliche Skulpturen und sprühende Fontänen mit duftenden Orangenbäumchen die Gäste erfreuten. In dieser Sommerresidenz feierten Preußens Könige familiäre als auch kulturelle Feste, Konzerte und Maskenbälle, die wohl legendär waren. Um 1820 wurde es mit seinem 42 Sälen zu einem öffentlichen Museum, bis es 1959 schließlich nach starker Zerstörung im Zweiten Weltkrieg ganz abgerissen wurde. Doch die Vergnügungen wie damals findet man auch heute. Die Rasenflächen sind extra als Liege- und Spielwiesen angedacht, es gibt einen Grillplatz, einen

TIPP Sich setzen und mit Blick auf die Museumsinsel die Berlinkulisse genießen.

Sportbereich, ein Kinderfreibad, einen Spielplatz, ein Freilufttheater und einen Biergarten. Sogar einen Springbrunnen. Aber am schönsten ist es doch, sich einfach niederzulassen und endlich die Postkarte an die Freundin zu schreiben, die man schon die ganze Zeit losschicken wollte. Auch wenn der Platz klein ist, ist er doch groß genug, um hier kurz für sich zu sein. Nur ein Blick durch die Bäume, ein Blick rüber zu den jonglierenden Jugendlichen oder dem jungen Elternpaar, das das Leben genießt, und sich klarmachen, dass neben der ganzen Hektik eben das Wichtigste nicht vergessen werden sollte: das Leben. Ich nehme es als mein „Schmuckstück" mit aus dem Park und poliere es richtig auf! Heute bin ich selbst Königin.

● Monbijoupark, Oranienburger Straße, 10178 Berlin
● ÖPNV: S3, S5, S75, Haltestelle Hackescher Markt; Tram M1, Bus M1, Haltestelle Monbijouplatz

Bequem durchs Grün

 41 *Mit der Tram 68 durch Köpenick*

Mit dem Bus 100 und 200 fährt man gerne als Besucher der Stadt, weil es gleich noch eine kleine Stadtführung inklusive gibt. Man fährt an interessanten Sehenswürdigkeiten vorbei oder kann an diesen auch gleich aussteigen. Ähnliches findet sich in Köpenick. Die Tramlinie 68, die früher auch „Uferbahn" hieß, fährt einen vom S-Bahnhof Köpenick am Ufer der Dahme und des Langen Sees entlang. Die Attraktion ist hierbei die grüne Natur, die ungefähr an dem S-Bahnhof Grünau beginnt. Zuvor fährt man mit der Tram an der St.-Laurentiusstadtkirche und dem Rathaus Köpenick vorbei, wo der bronzene Hauptmann von Köpenick steht. Das Theaterstück von Carl Zuckmayer entstand nach der wahren Begebenheit: Der Schuhmacher Friedrich Wilhelm Voigt hielt mit seiner „Köpenickiade" 1906 ja tatsächlich alle zum Narren.

Weiter geht es danach durch die Einkaufsstraße, vorbei an der Schlossinsel und hinter der Brücke für ein kurzes Stück durch das Wohnviertel Spindlersfeld, wo man zwischen den Häusern immer mal die Dahme durchblitzen sieht. Nun hört man schon bei den Stationsnamen, wie sportlich es hier zugeht: Regattatribünen, Sportpromenade. Und man ist erstaunt, wie viele Ruderklubs es in Berlin gibt. Beim Strandbad kann man aussteigen und zu Fuß am Ufer weitergehen, um sich eine kleine wilde Badestelle zu suchen oder, wenn die Lust zum Laufen sich in Grenzen hält, besucht man einfach das Strandbad.

TIPP *Ab der „Kuhlen Wampe" kann man auch zum grünen Glücksort Müggelturm laufen.*

Für ein besonderes Extra fährt man bis zur Haltestelle Zum Seeblick, folgt da der Ausschilderung „Fähre" und kommt zum Anleger der Fähre F21 (verkehrt von Karfreitag bis zum 3. Oktober alle 30 Minuten), die nach Krampenburg zum Campingplatz „Kuhle Wampe" ohne zusätzlichen Gebühren quer über den Langen See übersetzt. Ab hier lässt es sich gute 30 Minuten den schönen Uferweg entlang bis nach Müggelheim, zur Haltestelle X69 Alt-Müggelheim laufen. Oder man trinkt und isst etwas in dem netten Imbiss des Campingplatzes und fährt dann den Weg ganz bequem wieder zurück.

▶ **Tram 68 Richtung Alt-Schmöckwitz, S-Bahnhof Köpenick, 12555 Berlin**
▶ **ÖPNV: S3, Haltestelle Köpenick**

Weite spüren

 42 *Im Landschaftspark Johannisthal/Adlershof*

Der Wind pfeift einem ganz schön um die Ohren. Kein Wunder, bei so viel freier Fläche. Sieht man mal von den wenigen Bürobauten am Rand ab, die man sowieso ganz schnell vergisst, weil man das Gefühl hat, schon lange nicht mehr so weit geguckt zu haben. Gerade wenn man den ganzen Tag den Computerbildschirm vor der Nase hat oder die Häuserreihen auf dem Nachhauseweg. Im Landschaftspark geht der Blick über eine 26 Hektar große Wiese, erfasst hier einige Blumen, dort einen Vogel und hinten ein paar Schafe – da fühlt man sich selbst bald ganz weit. Also tief durchatmen, Lungen weiten, Arme nach oben ausstrecken, einfach herrlich das Gefühl. Sollen die anderen (wenigen) Leute doch gucken! Wir sind in Berlin, da darf jeder ticken wie er will.

Im September 1909 wurde hier der erste unternehmerisch geführte Flugplatz in Deutschland eröffnet. Hier absolvierte die erste deutsche Motorfliegerin Amelie „Melli" Beese nach vielen Absagen ihre ersten Flugstunden. Sie erwarb als erste Frau den Privatpilotenschein und machte dann in Johannesthal 1912 eine eigene Flugschule auf. Bis auf die Weite ist von

TIPP Im Aerodynamischen Park erinnern Industriedenkmale an glorreiche Zeiten des Flugplatzes.

dem Flugplatz, der 1952 geschlossen und dann nur noch sporadisch genutzt wurde, nichts mehr zu sehen. Die Natur hat sich das Feld zurückerobert und dank des Status als Naturschutzgebiet behält die Natur auch die Oberhand.

Ein teilweise erhöhter Rundweg, für den man gut eine Stunde einplanen sollte, führt einen um das Gebiet herum. Infotafeln geben Hinweise auf Flora und Fauna oder erinnern an den Traum vom Fliegen. Heute dürfen hier ungestört Feldlerchen ihre tollkühnen Manöver fliegen, sich gefährdete Insekten- und Pflanzenarten ausbreiten und Fuchs und Hase sind heimisch fühlen. Doch es bleibt auch für die Zweibeiner abwechslungsreich: Neben dem Rundweg gibt es Spiel- und Sportbereiche, wie Skaterbahn, Spielplatz, Beachvolleyball und Workout-Park mit Turngeräten für Erwachsene. Und nach einer Runde um den Landschaftspark, fühlt man sich wieder bereit für den Trubel in der Großstadt.

🔘 Landschaftspark Johannisthal/Adlershof, Groß-Berliner Damm, 12487 Berlin
🔘 ÖPNV: S8, S9, S45, S46, Haltestelle Adlershof; Bus 163, Haltestelle Hermann-Dorner-Allee

Reine Stille

43 *Das Naturschutzgebiet Karower Teiche*

Um das Besondere zu sehen, muss man gute 20 Minuten vom S-Bahnhof Karow zu Fuß laufen. Am Wochenende folgt man einfach den anderen, unter der Woche ist man hier ziemlich allein. Ich merke, dass man es tatsächlich gar nicht mehr gewohnt ist, in der Stadt mal ohne andere Menschen zu sein. Ab und zu fahren Radfahrer auf dem Pankeweg, die auf dem Radfernweg Berlin–Usedom sind, an mir vorbei. Neben mir ist zwar schon die Natur, aber umzäunt, zum Schutz des Gebiets. Schließlich führt ein Weg ins Herz des Naturschutzgebiets. Still ist es hier. Nicht mal die Rinder, die ich versuche, näher an mich ranzulocken, schauen hoch. Und mal wieder merke ich, wie unwichtig wir Menschen für die Natur sind. Hier geht alles seinen Gang. Wir müssen solche Orte heute schützen, weil wir sie selbst arg gebeutelt haben. Umgeben von der Rieselfeldwirtschaft dienten die Karower Teiche um 1900 der Nachklärung oder Direkteinleitung der Abwässer, was ab den 20er-Jahren den Fischfang durch zu hohe Schadstoffe beendete. In den 80er-Jahren besann man sich und legte Erholungsflächen an. Seit 1994 steht das Gebiet unter Naturschutz.

TIPP Unbedingt ein Fernglas dabeihaben, um noch mehr zu sehen.

Und auch wenn sich Teile schon gut erholt haben, ist der Boden noch lange nicht gesund. Aber die sich selbst überlassene Natur hat schon wieder viele wild wachsende Pflanzen hervorgebracht, davon stehen 44 auf der roten Liste der gefährdeten Arten. Mehrere Brutvögel haben hier ihre Heimat gefunden, und auch von Lurchen wird es als Laichgebiet geschätzt. Gut, dass ein Zaun drum ist. Von einer Aussichtsplattform kann ich Teile des Gebiets und die vier Teiche einsehen. Ich merke nicht, wie die Zeit vergeht, während ich hier einfach nur stehe und schaue. Wie ein Vakuum absorbiert mich die gelassene Umgebung, und es scheint, dass die Zeit stillsteht. Man muss gar nichts machen, um von der Ruhe und Gelassenheit des Ortes zu profitieren, wo alles einfach ist, ohne Stress, ohne Druck. Ich schließe das Gefühl in mein Herz und nehme es mit, als ich die Karower Teiche wieder verlasse, die mich schon längst wieder vergessen haben.

○ Karower Teiche, Bucher Straße, 13125 Berlin
○ ÖPNV: S2, Bus 350, Haltestelle Karow

Bücher & Bäume

44 Der Bürgerpark Pankow

„Bolle reiste jüngst zu Pfingsten, nach Pankow war sein Ziel …" Bolle aus dem bekannten Berliner Volkslied wollte zwar in die Schönholzer Heide, aber der Bürgerpark hätte ihm sicher auch gefallen, wenn nicht alles so schiefgelaufen wäre.

Den Haupteingang des Parks findet man abseits der Hauptstraße. Ein dreiteiliges Eingangsportal nach Vorbild eines italienischen Triumphbogens ließ der damalige Eigentümer hier 1865 für sein Grundstück errichten. Geht man hindurch, wird man von einem kleinen Springbrunnen begrüßt, dahinter ist eine schöne große Wiese zum Spielen, Liegen, Nichtstun. Sollte man beschreiben, was und wie man sich einen Bürgerpark vorstellt, würde man diesen hier als Beispiel heranziehen. Entspannte Singles, joggende Verliebte, spielende Familien, umgeben von Skulpturen und Schatten spendenden Ahornbäumen, Eichen und Buchen. Dazu eine Voliere mit Pfauen und Fasanen sowie ein Tiergehege, wo man von einer Brücke aus auf die niedlichen Bergziegen schauen kann. Blumenfreunde können den Rosengarten mit kleinen Springbrunnen und Musikpavillon für sich entdecken. Und natürlich

TIPP An Pfingsten das dreitägige Jazz-Fest im Park besuchen.

ist da noch die Panke, ein Nebenfluss der Spree, dem der Stadtteil seinen Namen verdankt. Gemütlich liegt es sich unter dem Blätterdach beim Flüsschen, das langsam, aber stetig vor sich hin fließt. Schaut man eine Weile auf das dunkle Wasser ist der vielleicht gerade noch verspürte Stress wie weggeblasen und scheint gar nicht mehr so schlimm, wie es einem gerade noch vorkam. Wem jetzt noch das Buch zum Schmökern fehlt, der hat Glück! Denn dieser schöne Park hat ein absolutes Highlight: eine eigene kleine Bibliothek. Unter dem strengen Blick der Heinrich-Mann-Büste hat sie in den Sommermonaten geöffnet, dank einer Bürgerinitiative, die sich für den oft von Vandalismus gezeichneten Park einsetzt und unermüdlich an weiteren Bereicherungen arbeitet, wie aktuell dem Duft- und Aromagarten. Damit sich auch Bolle „… dennoch janz kräftig amüsiert", gibt es im Park das Café Rosenstein mit Biergarten.

● Bürgerpark Pankow, Wilhelm-Kuhr-Straße, 13187 Berlin
● ÖPNV: Tram M1, Bus 155, 250, Haltestelle Bürgerpark Pankow; Bus 255,
Haltestelle Wilhelm-Kuhr-Straße

94

Grüner Daumen

45 *Der Bauerngarten am Havelufer*

Der Trend zum Schrebergarten oder der Datsche hat nicht nur junge Familien erfasst. Im Zuge des neuen ökologischen Bewusstseins und der Tatsache, dass wir wissen wollen, woher unser Gemüse stammt, gibt es vermehrt die Lust, etwas Eigenes anzubauen. Auch mit dem Gedanken, was mit und dank der Natur ohne lange Transportwege und viel Plastikverpackung zu schaffen ist. In den urbanen Gärten der Stadt, kann man klein anfangen und erst einmal ein Hochbeet bepflanzen. Wer sich mehr zutraut, aber keinen eigenen Garten hat oder will, kann sich in den Havelmathen in Kladow oder den drei weiteren Standorten für eine Saison (Mai bis November) eine Ackerparzelle mieten und dort mit anderen Kleinbauern hacken, jäten und natürlich ernten. Das Gute daran ist, man bekommt neben Workshops zum Anbau eine bereits bepflanzte Parzelle, sodass man sich „nur" noch um den Erhalt kümmern muss. Selbst das Wässern läuft automatisch. Ungefähr zwei Stunden in der Woche sollte man für seinen Acker einplanen, wer will darf natürlich mehr Zeit hier verbringen. Dass ich in einem Beet hocke, still Unkraut jäte und das

TIPP In der Havel schwimmen oder am Ufer mit Blick auf den Grunewaldturm entlangspazieren.

auch noch freiwillig, hätte ich vor einigen Jahren noch mit einem lauten Lachen beantwortet. Liebevoll gehe ich mit den Pflänzchen um, mache mir Sorgen, wenn sie durchhängen oder nicht so wachsen, wie ich gerne möchte. Mit allen Sinnen greife ich in die Erde, rieche die Erdbeeren, spüre den Schweiß mein Gesicht hinabrinnen, schmecke meine eigene selbst geerntete sandige Mohrrübe und fühle mich wie die Königin der Welt. Was zählt ist nur das Hier und Jetzt, es geht um die Bohne und nicht um die Wurst. Nicht höher, schneller, weiter, sondern in Ruhe hinschauen, was die Pflanzen brauchen. Und je mehr man bei ihnen ist, desto mehr ist man bei sich und möchte vielleicht auch mit sich sanfter, geduldiger und achtsamer sein.

Schmutzig und stolz koche ich abends mein eigenes Gemüse und schlafe vor Erschöpfung gleich nach dem Essen ein, obwohl ich doch noch so viel … Ach, egal!

⊙ **Havelmathen, Kladower Damm 57, 14089 Berlin**
www.bauerngarten.net
⊙ **ÖPNV: Bus 134, Haltestelle Am Graben**

Blätterrauschen an der Platte

 Das Osterwäldchen in Friedrichsfelde

Wenn man am U-Bahnhof Tierpark aussteigt, sollte man den Weg eigentlich auch zu Berlins zweitem artenreichen zoologischen Garten einschlagen. Oder wenigstens das frühklassizistische Schloss Friedrichsfelde ansehen, dessen einst von Peter Joseph Lenné entworfener Park heute die perfekte Kulisse für den Zoo bietet. Doch mich verschlägt es auf die andere Seite der Straße, hin zum Osterwäldchen. Hier darf man nichts Großes erwarten. Was hier groß und hoch ist, sind die sanierten DDR-Plattenbauten WHH GT 18. Die sogenannten Gesellschaftsbauten sollten Arbeit, Wohnen und Erholung vereinen, was bedeutet, dass es neben den Platten eine Schwimmhalle, ein Einkaufscenter samt Marktplatz, ein Ärzte- und Kulturhaus mit Bücherei eben auch diese „Wäldchen" zum Erholen gab. Lustigerweise wurde das im Westteil der Stadt ebenso gebaut, es hieß nur anders. Wer mehr darüber erfahren will, dem sind die Infotafeln zu empfehlen, die hier aufgestellt wurden und neben alten Fotos weitere interessante Fakten enthalten, die man so nebenbei aufschnappen kann. Doch zurück zum Osterwäldchen, was nichts anderes ist, als ein kleines Stück naturbelassener Wald mitten im Wohngebiet. Es gibt keine Statuen, keine Sichtachsen, keine Bänke. Es ist eigentlich nur eine grüne Verbindungsstrecke, um von A nach B zu kommen. Und trotzdem sind die Wäldchen ganz bezaubernd. Ich bin da sicher eine schlimme Nostalgikerin, weil dort, wo ich großgeworden bin, auch so ein Wäldchen war. Sie sind zum Glück über die ganze Stadt verteilt, oft nicht mal mit einem Eintrag im Internet oder auf einem Stadtplan vermerkt. Geht man achtsam durch sie durch, spürt man, wie es an heißen Tagen merklich erfrischend kühler wird. Die Vögel zwitschern, die Blätter rauschen, und es ist wie ein schnelles, aber gutes „Waldduschen" zum Durchatmen. Wer noch mehr Glück hat, darf den Erzieherinnen und Erziehern einer Kindergartengruppe zuzuhören. Sie erzählen dem Nachwuchs etwas über die Natur und die Bäume und Sträucher und darüber, dass das Wäldchen auch „Lichtenberger Vogelparadies" genannt wird, weil hier die Vögel ihr Zuhause haben.

TIPP **Das sonnige Mosaik im U-Bahnhof Tierpark fotografieren.**

○ Osterwäldchen, Erich-Kurz-Straße, 10319 Berlin
○ ÖPNV: U5, Tram 21, 27, 37, 67, M17, Bus 296, M17, Haltestelle Tierpark

Begehbare Kunst im Grünen

47 *Natur-Park Schöneberger Südgelände*

Hier, mitten auf den Gleisen, muss man ab und an stehen bleiben, zum einen, weil es so schön ist, dass man es gar nicht fassen kann, und zum anderen, um sich die Kunstwerke anzusehen, die zum Teil aus den Überbleibseln des ehemaligen Rangierbahnhofs entstanden sind und sich mit ihrem rostigen Charme natürlich in die Umgebung einfügen. Wie wunderbar unaufdringlich und eben schön dieses Gelände doch wieder begehbar gemacht wurde, nachdem es ab 1952 in eine Art Dornröschenschlaf gefallen war. Nach dem Bau der Mauer wurde der Verkehr zwischen Ost und West an dieser Stelle eingestellt, der große Rangierbahnhof hauptsächlich als Werkstattbetrieb genutzt. Nach und nach eroberte sich die Natur ihren Raum zurück, wo einst über 130 Güterzüge pro Tag bearbeitet wurden. Dann wurde mit viel Liebe, Verstand und Geschmack eine Symbiose zwischen Natur, Technik und Kunst geschaffen. Eine alte Dampflok aus dem Jahr 1940 und eine Drehscheibe erinnern neben den Schienen an den ehemaligen Betrieb, dessen 50 Meter hoher Wasserturm als Wahrzeichen des Parks dient. Teile des Parks sind Naturschutzgebiet, das man auf einem 600 Meter langen, erhöhten Stahlsteg durchlaufen kann, ohne dabei brütende Vögel, Pflanzen und Insekten zu stören. Diese Konstruktion verdankt der Park der Künstlergruppe Odious, die weitere Kunstobjekte und Installationen hier ausgestellt hat, die einen immer wieder überraschen. Mit dem „Giardino Segreto" haben sie einen künstlichen Garten mit stählernen Kuben und Skulpturen geschaffen, wo Anfassen erlaubt ist und dessen glatte Oberflächen perfekt zu der wilden Natur harmonieren. Aber keine Sorge, neben und mit der Kunst kann man hier jede Menge Spaß haben. Hier kann man raufklettern, dort durch eine Röhre spazieren oder, wer seine Spraydosen mitbringt, kann auf der Fläche im Tälchenweg von Montag bis Samstag ab 15 Uhr sogar selbst mit Graffiti ein Kunstwerk beitragen.

TIPP Bei der Märchenwanderung wird im Park vom Zauber der Tiere und Pflanzen erzählt.

● Natur-Park Südgelände, Prellerweg 47–49, 12157 Berlin, Tel. (0 30) 7 00 90 67 60
www.gruen-berlin.de
● ÖPNV: Bus 170, 246, M76, X76, S2, S25, S26, Haltestelle Priesterweg; Bus 106,
Haltestelle Lindenhof

Kein kleines Licht

48 · Das Gaslaternen-Freilichtmuseum im Tiergarten

Der Tiergarten ist ein Klassiker unter den grünen Glücksorten. Mitten in der Stadt heißt er jeden willkommen. Ob man zur Siegessäule will, einfach ein bisschen rumlaufen, sich mit der oder dem Liebsten an einen der kleinen Seen setzen, im Biergarten mit Freunden quatschen oder mit der Familie auf der Wiese Federball spielen. Hier fühlt man sich schnell entschleunigt, selbst einsame Fleckchen findet man hier, auch wenn der Park immer gut besucht ist. Dass es hier seit 1978 am Rande des Tiergartens, wenn man auf dem Weg zum Neuen See ist, ein Freilichtmuseum des Technik Museums Berlin gibt, habe ich selber erst durch Zufall bemerkt. Umso schöner, wenn man plötzlich in etwas Altbekanntem einen solchen kostbaren Schatz findet. Um ihn zu entdecken, muss man den Blick nach oben lenken. Erst dann sieht man die Gaslaternen in ihrer vollen Pracht. 90 Gaslaternen aus 25 deutschen und elf weiteren europäischen Städten stehen links und rechts vom Weg. Und plötzlich ist man ganz entzückt, wie hübsch diese Laternen sind. Was hatte man sich da noch für Mühe gegeben. Es gibt ganz bescheidene Lichter, aber auch gebogene und mehrarmige Riesen. Auf den ovalen Schildern am Mast sowie auf der Anzeigetafel stehen ihre wunderbaren Namen wie „Böhmischer Kandelaber", „Schwanenhals auf Wiener Mast" oder „Zehlendorfer Witwe". Trotz einer Sanierung im Jahr 2006 sind viele von ihnen schon wieder beschädigt oder gar nicht mehr zu erkennen, was wirklich schade ist. Zumal es die umfassendste Sammlung Europas ist. Und das umsonst und draußen. Bevor also irgendwann die Gaslaternen vielleicht abgebaut werden, um sie vor weiteren Schäden zu bewahren, sollte man den Weg auf sich nehmen, den Blick heben und abspeichern, wie schön es mal auf den Straßen war und das ganz besondere Licht dieser fast vergessenen Zeit genießen.

TIPP Der versteckte „Stand By Me" Tree, mit der eingeritzten ersten Strophe des Liedes von Ben E. King.

○ Gaslaternen-Freilichtmuseum im Tiergarten, Straße des 17. Juni, 10557 Berlin
○ ÖPNV: S3, S5, S7, S9, Haltestelle Tiergarten

Irrläufe im Stadtgrün

49 *Zum Robinienwäldchen beim Tempodrom*

Okay. Jeder hat einen anderen Maßstab von Glück, denke ich, als ich auf das Wäldchen zugehe, was mir von einer Freundin als grüner Glücksort empfohlen worden war. Ihre Kinder gingen hier regelmäßig mit der Kita her, um in dem Naturerfahrungsraum Blätter zu sammeln und Vögel zu beobachten. Tatsächlich komme ich an Pärchen vorbei, die hier einträchtig sitzen und glücklich sind. In Berlin muss es nicht nur die perfekten, glatten Parks geben, oder stillen Wälder, sondern es darf auch so ein wildes Grün sein. Mit ein bisschen Dreck, etwas kaputt, aber trotzdem eine kleine grüne Auszeit. Überrascht entdeckt man die Überreste von Bahnsteigen des ehemaligen Anhalter Bahnhofs, dessen kaputte Fassade vor der Konzerthalle Tempodrom noch als Ruine steht. Wie groß dieser gewesen sein muss. Die Natur hat hier beste Arbeit geleistet und sich ihren Platz zurückerobert. Schneller als gedacht, bin ich durch das Wäldchen durch, setze mich auf die Bank und schaue zum Technikmuseum hinüber. Ja, doch, ein richtig städtischer grüner Glücksort. Arm, aber sexy. Ich rufe meine Freundin an, um ihr zu danken und stelle während des Gesprächs fest, dass ich gar nicht im „Naturerfahrungsraum Robinienwäldchen" bin, sondern im Elise-Tilse-Park. Das Wäldchen befindet sich gegenüber vom Tempodrom.

TIPP Nebenan im Liquidrom im Salzwasser-Pool floaten.

Also geht's weiter zur nächsten Ecke, und hier ist er: umzäunt, leise und still, ein kleines uriges Wäldchen. Das Fleckchen ist seit 1987 unter Schutz gestellt, um Tieren ihren Lebensraum zu erhalten und Großstadtkindern Natur erlebbar zu machen. Es ist trotz Sonnenschein dunkel, da das Kronendach der Robinien auf der ganzen Fläche geschlossen ist. Staunend laufe ich durch das kleine Wäldchen. Was hätte ich als Kind für so einen Ort gegeben. Wo man schnuppern, matschen, verstecken, springen, kosten, beobachten und rumtollen darf. Laut lachen ist hier auch ausdrücklich erlaubt, also freue mich lachend gleich zwei tolle Glücksorte an einem Tag besucht zu haben.

Robinienwäldchen, Hallesche Straße, Ecke Möckernstraße, 10963 Berlin
ÖPNV: S1, Haltestelle Anhalter Bahnhof

Bildschön am See

 Der Garten der Villa Liebermann

Einen richtig guten Glücksort erkennt man daran, dass er auch bei Regen unglaublich schön ist. Wer sich also unsicher ist, was er an einem Tag mit wechselhaftem Wetter machen soll, der kann sich ruhigen Gewissens nach Berlin-Wannsee trauen, zum Sommersitz des Malers Max Liebermann. Er ist einer der bedeutendsten Vertreter des deutschen Impressionismus. Hier betritt man quasi die Leinwand des Malers, der hier ab 1914 einige seiner wunderbarsten Bilder geschaffen hat. Die Dauerausstellung im ehemaligen Wohnhaus zeigt Gemälde, Grafiken und Pastelle des Malers, deren Motive man anschließend im Garten erkunden kann. Auch die wechselnden Sonderausstellungen, die hier thematisch mit viel Liebe und Verstand das Werk Liebermanns ergänzen, sind zu empfehlen. Wer mehr wissen möchte, der kann sich einer Führung anschließen, die von dem engagierten Verein zusätzlich angeboten wird. Liebermann hatte sich hier ein paradiesisches Refugium geschaffen, wo er sich vom Berliner Trubel zurückziehen und ganz ungestört malen konnte. Mehr als 200 Arbeiten entstanden in seinem selbst gestalteten Freilichtatelier.

TIPP *Das sonntägliche Kulturfrühstück mit Kaffee, Croissant und Führung ist eine tolle Geschenkidee.*

Der 7000 Quadratmeter große Garten ist in zwei Abschnitte unterteilt, die sich an Schönheit nichts nehmen. Zur Straße hin findet sich der Nutz- und Blumengarten, auf der anderen Seite die Rasenfläche mit den Ziergärten und dem berühmten Birkenweg. Es ist fast Pflichtprogramm sich einmal auf jede der weißen Bänke gesetzt zu haben, um deren gestaltete Blickachse zu genießen. Die halbrunde Bank im Rosengarten war dabei Liebermanns Lieblingsmotiv. Aber auch ein Stuhl unter den Birken oder ein Plätzchen im Pavillon sind nicht zu unterschätzen. Regnet es, lässt sich die Zeit wunderbar draußen auf der Terrasse, unter den Schirmen bei einem Kaffee und einem leckeren Stück Kuchen vertreiben, wo man ganz entspannt Segelboote auf dem Wannsee zählen kann. Und plötzlich scheint wieder die Sonne – in echt und in der Seele.

Liebermann Villa, Colomierstraße 3, 14109 Berlin, Tel. (0 30) 8 05 85 90-0
www.liebermann-villa.de
ÖPNV: Bus 114, Haltestelle Liebermann-Villa

Historisches Grün

51 *Das Tempelhofer Feld*

Über das Tempelhofer Feld wurde schon viel geschrieben, fast jeder war schon einmal hier oder hat aus Erzählungen von Freunden davon erfahren. Wie schön es ist, ein Feld voller Möglichkeiten, exotisch, anders. Wie gut, dass sich Aktivisten einst für den Erhalt eingesetzt haben, was zu einem Volksentscheid gegen eine Bebauung und für die Nutzung als Freizeitfläche geführt hat. Großes Dankeschön dafür. Denn das Feld lockt viele Menschen an: zum Sport oder Drachensteigen, zum Quatschen, urbanen Gärtnern. Es vereint alle die Lust und das Bedürfnis nach Entspannung, ebenso wie jeder einfach nur hier sein will, ohne etwas vorzugeben. Es ist ein wenig so, wie es Kinder intuitiv machen. Gib ihnen ein leeres Blatt, und sie werden etwas damit anfangen. Bemalen, falten, teilen, zerknüllen – wie auch immer, es ist ein Prozess, der nicht gelenkt ist. Diese freie Kreativität, die so viele Künstler aus aller Welt nach Berlin zieht, kann auf dem Feld jeder greifen. Deswegen bleibt es spannend zu beobachten, was sich in den Jahren hier noch alles tun wird, auf dem ehemaligen militärischen Übungsgelände und Paradeplatz der Berliner Garnison im 18. Jahrhundert. Es wurden aber

TIPP Wer mehr erfahren will, findet im Flughafengebäude ein informatives Besucherzentrum.

auch Fußballtrainings und erste Luftfahrtübungen abgehalten, bis es ab 1922 für den regelmäßigen Personen-Flugverkehr genutzt wurde. Besondere Bedeutung hat er in der Zeit der Berlin-Blockade 1948 bis 1949 erlangt. Und noch heute bekommen Berliner, die diese 322 Tage miterlebt haben, feuchte Augen bei dem Gedanken an die Hilfe in der Zeit der großen Not und Angst. Die Versorgungsflugzeuge, die der Berliner „Rosinenbomber" nannte, weil sie vor der Landung für die Kinder kleine Päckchen an Fallschirmen abwarfen, wo Schokolade, Kaugummis oder Rosinen drin waren. Sie landeten zum Teil im 90-Sekunden-Takt und halfen der Stadt, nicht aufzugeben. Daran darf man kurz denken, wenn man heute hier die Wildblumenwiese auf dem Feld anschaut, die wachsen darf, weil der Flughafen heute nicht mehr benötigt wird und Platz macht für große, freie Träume.

Tempelhofer Feld, Tempelhofer Damm, 12101 Berlin
www.gruen-berlin.de/tempelhofer-feld
ÖPNV: S41, S42, S45, S46, U6, Haltestelle Tempelhof; Bus 104,
Haltestelle Friedhöfe Columbiadamm

Spiel, Spaß & Sternenkunde

52 *Ein Tag am Insulaner*

In Berlin gibt es einige Trümmerberge oder auch „Mont Klamott", wie der Berliner sie liebevoll nennt. Sie sind nach dem Krieg aus dem Schutt der zerstörten Häuser entstanden. Der Insulaner in Steglitz erinnert zusätzlich mit seinem Namen an die Zeit, als das eingemauerte Westberlin noch eine Insel war und die Berliner quasi Inselbewohner, also Insulaner. Ansonsten hat sich hier eine wunderbare Vegetation entwickelt, die nicht mehr an die alten Tage erinnert. Wer ein bisschen in Schwung kommen will, ohne sich gänzlich zu verausgaben, dem sei der Minigolfplatz des Insulaners empfohlen. Inmitten von Bäumen und Wiesen, eingebettet am Hang des Berges, lässt sich herausfinden, wer das beste Händchen und die ruhigsten Nerven hat, um die kleinen Bälle ins Loch zu bugsieren. Wer danach noch Lust und Energie hat, kann den angrenzenden Spielplatz mit seiner großen Kletterspinne oder doch lieber gleich den Insulaner selbst besteigen. Mit seiner Höhe von 78 Metern und seinen sanft ansteigenden, breiten Wegen lässt es sich gut zwischen den dichten Bäumen und Sträuchern hochspazieren. Und es lohnt sich, denn der Ausblick

TIPP **Bei Schnee mit dem Schlitten 200 Meter den Berg hinunterrodeln.** reicht nicht nur bis zum Berliner Stadthorizont, sondern sogar bis zu den Sternen. Oben erwartet den Besucher nämlich die Wilhelm-Foerster-Sternwarte. In der denkmalgeschützten Anlage von 1963 werden Führungen und Präsentationen angeboten. Zu besonderen astronomischen Ereignissen wie einer Sonnen- oder Mondfinsternis sind sogar extra Öffnungszeiten eingerichtet. Wer danach noch mehr wissen will, dem sei das Zeiss-Planetarium am Fuße des Insulaners ans Herz gelegt. Das kleine, feine Planetarium bietet wunderbare Vorführungen für Jung und Alt an. Wer nun glaubt, das ist alles, was der Insulaner zu bieten hat, der irrt, denn gleich nebenan findet sich ein Sommerbad. Mit seinem 50-Meter-Becken und der Sprunganlage sowie einer großen Rutsche im Nichtschwimmerbereich, lässt es keine Wünsche an einem heißen Tag offen.

○ Insulaner, Munsterdamm, Ecke Prellerweg, 12169 Berlin
○ ÖPNV: S2, S25, S26, Haltestelle Priesterweg; Bus M76, 170, 246, Haltestelle Insulaner

Glück geht die Wand hoch

53 *Der Vertikale Garten bei Dussmann*

Bücher! Ich liebe Bücher. Wer dieses gerade in der Hand hält, ist da wahrscheinlich einer Meinung mit mir: Kaum schlägt man ein gutes Buch auf, versinkt man schnell in den Tiefen der Sätze und Wörter. Ruhe kehrt im Geist und um einen herum ein. Meine Lieblingsorte zum Lesen sind das eigene Bett, die U-Bahn oder eine Bank im Park. Im Freien zu lesen, hat den Vorteil, dass man immer wieder innehalten kann, hochschauen, nachdenken, andere Leute sehen, das Leben um sich herum doch auch noch wahrnehmen, den Blick ins Grüne weiten, um dann wieder ganz zu versinken. Der Nachteil draußen zu lesen, ist eindeutig das Wetter. Regen, Wind, Schnee erfreuen nicht den Leser und nicht das Buch. Die Lösung ist im KulturKaufhaus Dussmann zu entdecken, wo ein dichter „Mur Végétal" die hintere Wand des Hauses schmückt. Der französische Botaniker und Gartenkünstler Patrick Blanc hat diesen vertikalen Garten mit seinen mehr als 6600 Pflanzen auf 270 Quadratmetern gestaltet. Allein die Idee, eine Wand mit unterschiedlichsten Pflanzen zu begrünen, ein Bewässerungssystem dafür zu entwickeln und das Ganze im großen Maßstab zu machen, verdient höchste Beachtung. Weltweit

TIPP Die Galeries Lafayette ist die Friedrichstraße entlang fußläufig nur 10 Minuten entfernt.

gibt es etwa 250 seiner Kunstwerke. Dass dies auch außen geht, zeigt er in Berlin an der Außenfassade der Galeries Lafayette. Wie es sich für jedes gute Kunstwerk gehört, hat Dussmann nicht nur bequeme Stühle zum Verweilen und Betrachten des Werkes davorgestellt, sondern gleich ein ganz wunderbares Café, wo es sich im Trockenen bei einem Getränk plaudern, schauen oder eben lesen lässt. Wer kein Buch hat, kann hier auch gleich eins kaufen. Wem jetzt noch die passenden Naturgeräusche fehlen, kann diese hier auch in der Musikabteilung erwerben. Von Vogelstimmen bis Pop als Klangteppich – möglich ist alles.

Vertikaler Garten im KulturKaufhaus Dussmann, Friedrichstraße 90, 10117 Berlin
www.verticalgardenpatrickblanc.com
ÖPNV: Diverse S- und U-Bahnen, Haltestelle Friedrichstraße

Der Platz der Künstler

54 *Der Savignyplatz*

Brennen einem die Füße vom Shoppen auf dem Ku'damm und braucht man eine kleine Pause, dann sollte man sich zu einer Bank auf dem Savignyplatz retten, dem die Lyrikerin Mascha Kaléko, die hier bis zu ihrer Emigration 1938 neben so vielen anderen Künstlern wohnte, ein Gedicht gewidmet hat: „Ich bin, vor jenen ‚tausend Jahren', viel in der Welt herumgefahren. Schön war die Fremde, doch Ersatz. Mein Heimweh hieß Savignyplatz." Kaum sitzt man hier gut geschützt in den kleinen Lauben, hat den Blick in die Bäume, zum grünen Rasen, auf die Blumenbeete oder zu den Bummlern auf der Straße gerichtet, versteht man ihre Sehnsucht. Ob Jung, ob Alt, nur kurz wartend, pausierend oder stundenlang redend, dieser Platz im gutbürgerlichen Charlottenburg ist eine kleine Oase der Ruhe, obwohl es quirlig zugeht und die befahrene Kantstraße den Platz in zwei spiegelgleiche Hälften teilt. Der erst als Rasenschmuckplatz angelegte Platz, benannt nach dem deutschen Rechtsgelehrten Friedrich Carl von Savigny, wurde vom Stadtgartendirektor Erwin Barth ab 1926/27 zu dem Ort gestaltet, wie er heute, dank des Denkmalschutzes und einer originalgetreuen Rekonstruktion, zu sehen ist.

TIPP Im Eisenwarengeschäft C. Adolph steht noch die original Gründerzeiteinrichtung.

Hat man sich genug ausgeruht, braucht man nicht lange zu überlegen, wo es hingehen soll, denn von hier aus lässt es sich großartig weitershoppen. Rund um den Platz gibt es kleine individuelle Boutiquen, Schuh- und Buchläden sowie eine große Anzahl von unterschiedlichsten Restaurants, wo sicher für jeden Geschmack was dabei ist. Die Currywurst kann am platzeigenen Kiosk „Hasenecke" von 1908 gegessen werden. Im legendären „Schwarzen Café", gibt es zu jeder Tages- und Nachtzeit Frühstück. Im „Zwiebelfisch" und der „Dicken Wirtin" findet sich das typische Berliner Kneipenflair.

🌳 Savignyplatz, 10623 Berlin
🌳 ÖPNV: S3, S5, S7, S9, Bus M49, X34, Haltestelle Savignyplatz

Beglückender Wanderweg

 55 *Der Wiesenpark am Wuhletalwanderweg*

Berlin bietet wirklich alles. Nicht mal zum Wandern muss man es verlassen. Entlang des Flusses Wuhle, im Ortsteil Marzahn-Hellersdorf, findet sich ein 15,4 Kilometer langer Wanderweg, der Naturfreunde ebenso begeistert wie Sportler. Wer es also wissen will, kann zwischen Ahrensfelde im Nordosten bis nach Köpenick im Südosten entlangspazieren oder mit dem Rad fahren. Neben Plattenbausiedlungen und neuen Stadtvillen hat sich um die Wuhle ein kleines Biotop entwickelt und bietet heute Farn- und Blütenpflanzen sowie geschützten Tierarten ein Zuhause. Weitere Abwechslung bietet der Kletterfelsen Wuhletalwächter oder die 115 Meter hohen Ahrensfelder Berge mit ihrem wunderbaren Blick über Berlin, die drei Kaulsdorfer Teiche oder die Schmetterlingswiesen. Wer nicht die Zeit oder die Lust hat, die ganze Strecke abzuwandern, kann jederzeit quer auf den Wanderweg einsteigen, der oft beidseitig zum Fluss verläuft und auch ausgeschildert ist. An der Landsberger Allee verführt der Wiesenpark zum Pausieren. Er ist nicht gleich als etwas Besonderes zu erkennen, doch die naturbelassene Wiese bietet

TIPP Die gegenüberliegenden „Gärten der Welt" besuchen.

viel Platz zur Entfaltung für Groß und Klein. Bei dem weiten unverstellten Blick lernen die Gedanken fliegen, während am Himmel Papierdrachen mit dem Wind spielen. Die Drachen werden aber nicht nur von Kindern gelenkt, sondern auch von Erwachsenen, die hier wieder jung werden. Das Herzstück bilden die beiden Spielplätze: Der „Wiesentraum" ähnelt mit seinen 200 Stämmen einer Abenteuerlandschaft, der „Blaue Wuhl" ist eher der klassische Spielplatz mit Rutsche. Hinter den Bäumen und Büschen versteckt sich ein Teich mit Brücke und Aussichtsplattform, wo ein kleines Sofa aus Holz zum Verweilen einlädt. Von hier lässt es sich den anderen Leuten beim Entspannen zusehen oder mit den Drachen am Himmel ein bisschen träumen.

○ Der Wiesenpark, zwischen Landsberger Allee und Eisenacherstraße, Berlin
○ ÖPNV: Tram 18, M6, M8, Bus 197, Haltestelle Betriebshof Marzahn

Im Central Park von Berlin

 Der Lietzenseepark

Einer der schönsten Sonnenuntergänge lässt sich von der City West vom Lietzenseepark aus beobachten. Oder besser gesagt von einer Stelle etwas außerhalb, wo man auf den wunderbaren Park samt Funkturm schaut und sich dabei von den letzten Sonnenstrahlen wärmen lassen kann. Den Park selbst übersieht man fast, denn er ist etwas unterhalb der Neuen Kantstraße versteckt, die den Park und den See in eine Nord- und eine Südhälfte teilt. Der damalige Berliner Stadtgartendirektor Erwin Barth ließ 1920 den Park mit seinen Jugendstilelementen wie den geschwungenen Wegen und sanften Biegungen anlegen. Unter alten Platanen, Robinien und Pappeln lässt es sich ruhig am Ufer des Sees spazieren. Während man im nördlichen Bereich an einem Spielplatz, einem Café, Blumenbeeten und an einem wunderbaren Laubengang vorbeiflaniert, endet der Weg im südlichen Bereich an einer großen weißen Kaskade, deren Wasser in mehreren Stufen bis zum See abfällt. Dass es hier so schön ist, hat der Park nicht zuletzt einer Bürgerinitiative zu verdanken, die sich wöchentlich hier trifft, repariert, pflanzt und säubert. Obwohl der Park mitten in der Stadt liegt und auch der Straßenlärm immer leicht zu hören ist, versetzt einen dieser Ort in eine nahezu zauberhafte Stimmung. Ob Pärchen, Familien oder Freunde, ein bisschen färbt das Elegante und Entspannte des Jugendstils gepaart mit einem Hauch gutem Bürgertum auf einen ab. Deswegen darf die Flasche Wein für den Sonnenuntergang nicht fehlen. Man verlässt oberhalb der Kaskaden den Park, wendet sich nach links, an der Ecke wieder nach links und geht bis zum Kuno-Fischer-Platz, wo eine Terrasse mit Rosenbüschen angelegt ist. Hier auf eine Bank setzen, die Sonne beim langsamen Untergehen beobachten und einfach glücklich sein.

TIPP Im Biergarten des Bootshauses Stella ein großes Stück Kuchen mit Schlagsahne essen.

▶ Lietzenseepark, Haupteingang im Norden am Kaiserdamm, zwischen Hausnummer 20 und 25 (Haupteingang), 14057 Berlin
▶ ÖPNV: S41, S42, S45, S46, Haltestelle Messe Nord/ICC (Witzleben); Bus M49, Haltestelle Kuno-Fischer-Straße

Einmal Park komplett, bitte!

57 *Der Gemeindepark Lankwitz*

Der Berliner mag es gerne komplett. Döner, komplett? Ja, bitte. Pommes, komplett? Schranke rot-weiß muss sein. Park, komplett? Aber sicher! So ungefähr muss der Gemeindepark Lankwitz entstanden sein. Warum nur einen langweiligen Park mit Rasen, wenn noch viel mehr auf der Fläche geht? Und das Wunderbare ist: Das Konzept geht auf. Hier bietet sich dem Besucher ein „4-in-1-Park". Idyllische Seeatmosphäre neben Tiergehegen neben Sportanlagen neben schattigen Plätzchen. Im heißen Sommer unter dem dichten Blätterdach der alten Bäume bequem von einer Bank aus das Damwild oder die Kamerunschafe beobachten, die sich friedlich im Gehege tummeln. Und denen ist der Rummel um sie herum, ganz typisch Berlin, total egal. Danach den Hügel zur Ruine hochsteigen, die sich als Ehrenmal für die Gefallenen der beiden Weltkriege herausstellt. Geht man dann den anderen Weg hinunter, steht man plötzlich vor einem hübsch angelegten Teich, auf einer fast englisch wirkenden Grünfläche und sieht Enten, die hier etwas Abkühlung suchen. Wer sich über die komischen grünen scheinbaren Kunstinstallationen wundert, der sei aufgeklärt, dass es sich hier um die Geräte eines Trimm-dich-Pfades handelt. Diese Idee aus den 70er-Jahren hat zum Teil mit moderneren Geräten Einzug in Parks gehalten, aber die gute alte Reckstange ist und bleibt ein Klassiker. Wer also will, kann kurz zeigen, ob er den Unterschwung noch kann. Doch die große Überraschung, die sich schon mit freudigem Gezwitscher ankündigt, liegt auf dem Weg zum Spielplatz: drei Vogelvolieren, in denen Kanarienvögel munter den neuesten Klatsch mit den Spatzen austauschen. Die Bank davor steht vormittags in der Sonne und ist der absolute Glücksort. Dahinter der frisch sanierte Spielplatz, der die kleinen Stadtmenschen glücklich macht. Daneben ein schattiges Plätzchen mit Schachtischen und einem Bronzeadonis. Wenn es zu heiß ist, lässt es sich hier gut dem Leben vom Spielplatz lauschen. Auf der Rasenfläche davor ist eine Sommerwiese für Bienen und Insekten geplant, was den Park dann um eine fünfte Attraktion bereichern wird.

TIPP **Mais, Hafer, Möhren, Rüben, Birnen oder Äpfel dabeihaben und die Tiere füttern.**

● Gemeindepark Lankwitz, Am Gemeindepark, 12249 Berlin
● ÖPNV: Bus 283, X83, Haltestelle Am Gemeindepark

Beständig gut

58 Der Viktoria-Luise-Platz im Bayrischen Viertel

Viel zu oft nehmen wir sie gar nicht wahr, weil sie uns so selbstverständlich vorkommen. Und doch haben wir oft einen, der sich von den anderen unterscheidet: den Lieblingsplatz. Ich meine jetzt nicht den Sessel im Wohnzimmer, sondern den einen öffentlichen Platz in unserer Stadt, bei dessen Namen sich in unserem Kopf schon die Bilder aufmachen, weil wir hier Schönes erlebt haben oder weil er einfach schön ist. Denke ich an meinen Platz in Berlin, ist es immer der Viktoria-Luise-Platz in Schöneberg. Warum, kann ich nicht mal sagen. Er ist nicht sehr groß, er hat nur eine Fontäne in einem schlichten Brunnen aus Sandstein, keine bedeutenden Skulpturen. Vielleicht, weil er eingebettet zwischen beeindruckenden hochherrschaftlichen Altbauten aus der Gründerzeit und des Jugendstils liegt, oder weil es eine Menge netter Cafés gibt und die Straßen um ihn teilweise verkehrsberuhigt sind. Eine wunderbare Ruhe liegt über dem Platz, wo man zwar in gefühlter Spuckweite zum Wittenbergplatz ist, der quirligen Einkaufsmeile City West, aber trotzdem sich ganz dem Plätschern des Brunnens hingeben kann. Die Geschäfte und Cafés am Platz sind auch schon eine gefühlte Ewigkeit hier, was den Platz heimelig macht, selbst wenn man ihn einige Jahre nicht besucht hat. In so einer sich ständig erneuernden Stadt ist dieser sechseckige Platz mit seinen Linden und der Kolonnade beständig, wahrscheinlich ist das sein besonderer Zauber. Gleichzeitig wirkt er aber nie angestaubt oder alt, denn durch den angrenzenden Lette-Verein, ein Berufsbildungszentrum seit 1866, ist immer junger Nachwuchs am Platz unterwegs, der ihn belebt. Die darunterliegende U-Bahn-Station macht den Platz auch als Treffpunkt interessant. Auf der Wiese und den Bänken findet sich eine bunte Mischung von Menschen: Sie reden, warten auf jemanden, versinken in den Tagträumen oder beobachten einfach nur die anderen bei ihrem Tun – die machen es so wie ich. Gut zu wissen, wo man hinkann, wenn es um einen herum mal wieder zu viel wird.

TIPP Von hier zum Nollendorfplatz durch den Schöneberger Kiez laufen.

Viktoria-Luise-Platz, 10777 Berlin
ÖPNV: U4, Haltestelle Viktoria-Luise-Platz

Ein dankbarer Blick aufs Leben

59 *Der Steglitzer Parkfriedhof*

Ein Friedhof als Glücksort, geht das? Und ob, denn wo wird uns bewusster, dass das Glück schon darin besteht, dass wir leben. Dass wir hier sein können. Flinke Eichhörnchen in den Bäumen beobachten, den Wind und die Sonne auf der Haut spüren und Vögel zwitschern hören. Fast nirgendwo gibt es mehr Freiheit in die Stille zu gehen und durchzuatmen. Der seit 1875 bestehende Parkfriedhof Steglitz, erbaut auf den Rauhen Bergen, ist so ein Ort inmitten der hektischen Betriebsamkeit der nahen Einkaufsmeile Schlosstrasse. Der Stadtlärm scheint zu verstummen, wenn man südöstlich durch die wild bewachsenen Ecken streicht. Ein Paradies für viele heimische Vögel, wie für den Eichelhäher, der plötzlich an einem vorbeifliegt. Schmale Haselnussbäume und imposante Platanen haben sich zusammen mit den Hagebutten, dem Efeu und dem Rhododendron ihren Lebensraum erobert. Vereinsamte alte Familiengräber und vermooste Steinengel haben ebenso ihren Platz wie neu angelegte gepflegte Memoriam-Gärten. Folgt man den regelmäßig angelegten Wegen, gelangt man zu dem alles überthronenden Wasserturm. Der runde Backsteinbau, im Stil des Ziegelexpressionismus, ist durch die Erweiterungen zum Herzstück des Parkfriedhofs geworden. Der denkmalgeschützte Turm ist in privater Hand und nicht begehbar. Um nicht nur die Füße, sondern auch die Gedanken wandern zu lassen, bieten die zahlreichen roten Holzbänke einen Platz. Hier lässt es sich über das Leben, den weiteren Tag oder nur die nächsten Minuten nachdenken. Dieser stille Ort weist einen darauf hin, dass wir Sachen anpacken sollen: Gleich zum Telefon greifen, um jemanden mal wieder zu sagen, dass wir ihn lieben, oder mal wieder die Freundin zum Quatschen treffen, statt es immer und immer wieder aus den tausend Alltagsgründen aufzuschieben.

TIPP Die Eichhörnchen sind sehr zutraulich, am besten ein paar Nüsse in der Tasche bereithalten.

Parkfriedhof Steglitz, Bergstraße 38 (Haupteingang), 12169 Berlin
ÖPNV: Bus 170, Haltestelle Altmarktstraße

Frieden finden

60 *Das Sowjetische Ehrendenkmal in Treptow*

Wenn man vom Treptower Park erzählen will, weiß man gar nicht, wo man anfangen soll. Zu groß, zu viele Möglichkeiten, zu viele schöne Orte finden sich hier. Während sich der nördliche Teil am Ufer der Spree entlangzieht, erstreckt sich südlich ein Park, der mit seinen hohen Bäumen, weiten Wiesen und wilden Gebüschen an sich schon ein wunderbarer Ort ist zum Spazieren, Nachdenken oder einfach um Bäume anzusehen. Dass man sich wenige Schritte von einem Verkehrsknotenpunkt in Berlin befindet, merkt man nach wenigen Schritten nicht mehr. Das Gelände war schon immer ein beliebtes Ausflugsziel der Berliner, und wurde nach den Plänen des Lenné-Schülers Gustav Meyer ab 1876 zu einem Volkspark mit Hippodrom, Karpfenteich, Plätzen und Wiesen umgestaltet. Einige Wege wurden extra verbreitert, damit die Kutschen genug Platz hatten. Vielleicht auch, um damit zu der nun ältesten und größten Volkssternwarte Deutschlands zu kommen. 1896 wurde hier die Archenhold-Sternwarte erbaut, die mit einer Brennweite von 21 Metern das längste bewegliche Linsenfernrohr, die „Himmelskanone", der

TIPP Bei einem Spaziergang am Spreeufer die nördliche Seite des Treptower Parks erkunden.

Welt beherbergt. Wer nicht nur in die Sterne schauen will, dem sei hier der Blick in die deutsche Vergangenheit empfohlen. 1946 wurde mit dem Bau des sowjetischen Ehrendenkmals im Park begonnen. Das imposante Militärdenkmal erinnert an den Sieg über die nationalsozialistische Herrschaft und das Ende des Krieges. Die Bronzeskulptur auf dem Mausoleumshügel wirkt nach heutigen Maßstäben pathetisch übersteigert, beeindruckend ist sie trotzdem. Die Anlage lässt einen still werden, wenn man unter den Birken zur trauernden Steinfigur der „Mutter Heimat" geht. Um so schöner zu sehen, wie hier Jugendliche aller Nationen, die auf Exkursion sind, sich hier friedlich begegnen.

○ Sowjetisches Ehrendenkmal im Treptower Park, Am Treptower Park, 12435 Berlin
○ ÖPNV: Bus 165, 166, 265, Haltestellte Sowjetisches Ehrenmal

Wenig Platz, viel Grün

61 Der Brixplatz

Betritt man den Brixplatz in Westend durch das hölzerne, englisch anmutende Gartentor, sieht man sich verwundert nach dem Platz um. Im Gegensatz zu anderen Plätzen, die sich oft durch gepflegte Beete, ebene Rasenflächen und Springbrunnen auszeichnen, ist dieser hier ganz einzigartig anders. Auf gerade mal 2 Hektar hat der Berliner Stadtgartendirektor Erwin Barth in den 20er-Jahren eine artenreiche Grünfläche geschaffen, die man so nicht ein zweites Mal in Berlin sieht. Seine Idee, den umliegenden Anwohnern die märkische Landschaft näherzubringen, indem er sie ihnen vor die Haustür holt, basiert auf der Grundlage, in dichten Wohngebieten auch immer einen erholsamen Bereich zu schaffen. Ungewöhnlich ist auch der Höhenunterschied von 14 Metern. Man läuft im Park über die breiten Wege unter Bäumen entlang und an Büschen und Sträuchern vorbei nach unten zum angelegten kleinen Teich, der ganz wunderbar grün von der Entengrütze ist. Die ehemalige Kiesgrube wird an der einen Seite von künstlichen Felsen flankiert, die an die Kalkfelsen bei Rüdersdorf erinnern sollen. Am Teich finden sich Sumpfpartien, die heimischen Pflanzen und Tieren einen Rückzugsort geben. War es eigentlich vorgesehen, den Platz nur von oben aus zu betrachten, kann man heute alles ablaufen. Dass dieses wunderbare Gartendenkmal auffallend sauber und gepflegt ist, verdankt er einer Bürgerinitiative, die sich aktiv und finanziell hier einsetzt. Nicht zuletzt deswegen ist auch der kleine botanische Lehrgarten eine echte Augenweide. Ob der hier einst wohnende Boxer Max Schmeling den Schriftsteller Joachim Ringelnatz mal auf dem Platz traf, weiß ich nicht. Aber sicher hat Schmeling auch die Nachtigall gehört, die Ringelnatz in seinem Gedicht über den damaligen Sachsenplatz beschrieben hat und das heute auf einer Gedenktafel am Pavillon verewigt ist.

TIPP Im Doppeldeckerbus 104, oben vorne, bis zum nächsten Glücksort Treptower Park durchfahren.

● Brixplatz, Reichsstraße, 14052 Berlin
● ÖPNV: U2, Haltestelle Neu-Westend; Bus 104, Haltestelle Brixplatz

Romantisch wildes Grün

62 *Der Viktoriapark in Kreuzberg*

Globste nich, wa? Kannste aber. Natürlich hat Berlin hat einen Wasserfall. Es gibt schließlich nichts, was es hier nicht gibt. Künstlich angelegt, aber wildromantisch und eingebettet in eine täuschend echte Gebirgslandschaft fließt er seit 1894 den 66 Meter hohen Kreuzberg in Richtung Großbeerenstraße hinunter. Eigentlich war hier eine gradlinige Kaskade aus mehreren Terrassen vorgesehen, um das Nationaldenkmal auf der Spitze des Berges ins rechte Licht zu rücken. Doch das gefiel den Stadtvätern nicht. Erst die Idee des Wasserfalls konnte überzeugen. Bis heute ist der künstliche Wasserverlauf ein Anziehungspunkt für Touristen wie Einheimische. Sehr beliebt ist es, sich hier selbst zu fotografieren. Also am besten rechtzeitig üben, ein vorteilhaftes Selfie-Gesicht zu machen. Oben auf dem Plateau erinnert ein neugotisches gusseisernes Denkmal, nach einem Entwurf von Karl Friedrich Schinkel seit 1821 an die erfolgreichen Befreiungskriege gegen Napoleon. Ursprünglich auf dem Tempelhofer Berg gebaut, wurde der Berg mit der Einweihung des Denkmals gleich mit in Kreuzberg umgetauft. Das Eiserne Kreuz, das den Grundriss des Sockels bildet und als Orden unabhängig von gesellschaftlicher Stellung verliehen wurde, stand hier Namenspate. Später wurde dann der ganze Bezirk danach benannt, der wiederum durch die Kreuzberger Szene in ganz Deutschland bekannt wurde.

TIPP Das Golgatha - tagsüber Biergarten, abends Diskothek, ist seit 1977 eine feste Institution des Parks.

Von hier oben hat man eine fantastische Aussicht auf den Bezirk und noch weiter, bis Berlin-Mitte und zum Fernsehturm. Wer zum Sonnenuntergang herkommt, wird reich belohnt. War der Berg damals noch sandig und karg, wurde im Jahr 1888 der umliegende Park angelegt, benannt nach der englischen Kaiserin Viktoria. Bis heute laden seine Wiesen zum Picknicken ein, und seine breiten Wege bieten sich ideal zum Flanieren oder Sport an. Immer schön schattig im Sommer, man kann es hier gut aushalten, wenn man genug von der brodelnden Stadt hat und Sehnsucht nach etwas verspieltem Grün.

○ Viktoriapark, Kreuzbergstraße, 10965 Berlin
○ ÖPNV: Bus 140, Haltestelle Kreuzberg/Wasserfall

Viel Getümmel

Der Park am Weißen See

Bereits vor Beginn des 20. Jahrhunderts war die Landgemeinde Weißensee ein beliebtes Ausflugsziel für die Berliner. Man kam aufs Dorf, um endlich mal aus den engen Mietskasernen rauszukommen und etwas Natur samt einem 10 Meter tiefen Badesee zu haben. Ein weiterer Pluspunkt dabei war, dass der Weg hierher nicht allzu weit war. So ist es auch noch heute, auch wenn Weißensee kein Dorf mehr ist, sondern längst eingemeindet und mit vielen Häusern statt Feldern. Der Park um den Weißen See ist hierbei immer noch Anziehungspunkt für Sonnenhungrige mit Hund, Sportlerinnen, Väter mit Kinderwagen und Jugendliche, die hier auf dem Rasen zusammensitzen. Wer die TV-Serie „Weißensee" verfolgt hat, erkennt die beiden Tritonen auf der Seebrücke wieder, wo die ein oder andere Szene der Serie gedreht wurde. Von der Seebrücke aus, bietet sich ein direkter Blick auf das Strandbad Weißensee und die Fontäne im See. Dabei ist die Brücke eigentlich das Versteck für die Kühlanlage des Elektrizitätswerkes in der Großen Seestraße. Das Strandbad existiert bereits seit 1912 und erfreut sich seither durchgängig großer Beliebtheit, auch wenn viele Badende sich den Eintritt sparen und einfach vom Ufer an den vielen Liegewiesen ins Wasser steigen. Es ist schön zu sehen, was für eine entspannte Stimmung hier herrscht, schade ist aber auch hier, dass viele der Leute ihren Müll nach dem schönen Tag nicht mitnehmen. Ein Kuriosum, was wirklich unverständlich bleibt, warum es Menschen gibt, die ihre eigenen grünen Glücksorte verdrecken, beschmieren oder einfach kaputt machen. Umso erfreulicher, dass der Rosengarten mit seiner Sonnenuhr aus Blumen unbeschadet ist. Auch das historische Milchhäuschen mit seiner Seeterrasse, heute ein Restaurant, ist ein Hingucker auf der Runde um den See. Wer es ruhiger mag, dem sei, etwa 20 Minuten zu Fuß entfernt, der denkmalgeschützte Jüdische Friedhof Weißensee empfohlen. Er ist einer der größten und schönsten in Europa.

TIPP Im Winter – wenn es kalt genug ist – kann man auf dem Weißen See mit Schlittschuhen laufen.

Park am Weißen See, 13086 Berlin
ÖPNV: Bus 156, Tram 12, 27, 50, M1, M2, M4, M13, Haltestelle Falkenberger Straße/
Berliner Allee

Dankbarkeit spüren

 64 *Buddah im Luisenstädtischen Kanal*

Innehalten. Dem leisen Plätschern des Wassers lauschen. Den Atem spüren. Das Herz weit werden lassen. Und die Dankbarkeit annehmen, die sich in einem und um einen herum ausbreitet. Wie der meditierende Buddha auf dem Indischen Brunnen im Luisenstädtischen Kanal. Hier, wo heute der Brunnen wieder steht, verlief der einstige Mauerstreifen, der Berlin in Ost und West teilte. Wie dankbar dürfen wir sein, dass dieses Stück deutsche Geschichte Vergangenheit ist. Der Indische Brunnen ist jedoch kein Symbol dieser Wiedervereinigung. Er gehörte zu dem Entwurf des Berliner Stadtgartendirektors Erwin Barth, der in den 20er-Jahren aus dem zugeschütteten innerstädtischen Schifffahrtskanal, der seit 1852 die Spree mit dem Landwehrkanal verband, eine exotische Grünanlage machen wollte. Seine Vision, dass sich die Kirchenkuppel der Michaelkirche in einem Wasserbecken mit Palmen spiegeln sollte, wie das indische Taj Mahal, scheiterte an dem Veto der katholischen Kirche und an den Folgen der Inflation. Immerhin konnte ein kleiner Teil umgesetzt werden, wie eben der indische Garten, der auf dem zugeschütteten Kanalstück entstand. Auch der angedachte Teich, das Engelbecken (weil sich der Erzengel Michael auf der Spitze der Kirche darin spiegelt), wurde realisiert, wenn auch ohne Palmen. Nach dem Krieg wurde dieser jedoch zugeschüttet und dann durch den Bau der Mauer komplett vergraben und vergessen. Auf der Westseite des Kanals sanierte man im Zuge der Internationalen Bauausstellung 1984 den vorhandenen Teil, um ihn dann kurz nach der Wiedervereinigung mit der Ostseite zu verbinden. Heute kann man hier im ehemaligen Kanalbett einen langen Spaziergang unter Lindenbäumen machen, am Engelbecken ein Café besuchen und dabei den Schwänen auf dem Wasser zusehen. Bei den Ausgrabungen fand man den noch gut erhaltenen Sockel des indischen Brunnens, auf dem heute nun wieder die originalgetreu rekonstruierte Bronzefigur des Buddhas sitzt. Fehlt nur noch der exotische Garten, aber die herrlichen Rosen drum herum tun es auch.

TIPP Das vegane Restaurant Viasko am Wassertorplatz.

○ Indischer Brunnen im Luisenstädtischen Kanal, 10999 Berlin
○ ÖPNV: Bus M29, Haltestelle Oranienplatz

Summ, summ, summ

 65 *Der Bienenlehrgarten in Hellersdorf*

Alle 80 grünen Orte in diesem Buch machen glücklich, ich habe sie alle persönlich auf Herz und Glück geprüft. Aber sollte man nur Zeit für einen einzigen Ort haben, dann geht man am besten hierhin. Man setzt sich auf eine der vielen Bänke und schaut den Bienen zu, wie sie hier von Blume zu Blume fliegen, um dann gesammelten Nektar und Pollen in ihren Bienenstock zu bringen. Was früher normal war, darf heute demütig und dankbar betrachtet werden. Denn leider ist das Insektensterben nicht mehr kleinzureden. Ackergifte und fehlende Lebensräume sind ein Problem, umso schöner, wenn sich Menschen wie hier mit viel Liebe für die Bienen und Insekten einsetzen und uns damit auch noch so einen wunderbaren Glücksort schenken. Der Schau- und Lehrgarten ist ein Gemeinschaftsprojekt des Imkervereins „Wuhletal 1864", der INU gGmbH und des Freilandlabors Marzahn, die hier 2011 aus einem Schulgarten dieses Paradies geschaffen haben. Die angelegten Wege führen an einem kleinen Teich vorbei, führen zu Schautafeln, zu Bienenstöcken und zu einem reichen Kräutergarten. Man sieht gut bewohnte Insektenhotels, es gibt einen Barfußpfad, eine kleine Brücke spannt

TIPP **Freunde mitbringen und das Glück teilen.** sich über den Teich, wo man Fische beobachten und Libellen tanzen sehen kann. Und wie es duftet! Man möchte auch sofort Biene sein und sich wohlig in einer Rose brummend tummeln. Wer nicht nur schauen und genießen will, darf sich bei einer Führung anmelden oder bei einer der Veranstaltungen mitmachen. Vielleicht begeistert sich der eine oder andere aber auch für die Imkerei, die viel mehr als nur Bienenhaltung bedeutet. Es geht um ein gutes Miteinander zwischen Menschen und Natur, denn die Natur braucht Bienen und Insekten zur Bestäubung, und deswegen brauchen wir sie, damit unser Obst natürlich bleibt. Aber das kann man hier sicher noch einmal besser erklärt bekommen. An Anfänger-Wochenenden kann man sich in die Kunst der Imkerei einführen lassen. Es ist nie zu spät für ein neues Hobby, was dann auch noch uns allen dient.

**▶ Bienenlehrgarten Imkerverein „Wuhletal 1864", Lichtenhainer Straße 14, 12627 Berlin
www.imkerverein-wuhletal1864.de
▶ ÖPNV: Tram 18, M6, Haltestelle Jenaer Straße**

Frischluft tanken

66 *Müggelberge mit Müggelturm am Müggelsee*

Berlin hat auch echte Berge. Neben den vielen Trümmerbergen gibt es die bewaldeten Müggelberge in Köpenick bereits seit dem Pleistozän. Der Wortstamm „Müggel" hat einen vorslawischen Ursprung, was so viel wie Nebel und Dunst bedeutet. Kilometerlange Wanderwege laden ein, kreuz und quer oder mit Ziel durch den Wald zu stapfen und Frischluft zu tanken. Selbst Theodor Fontane hat sie in seinem Werk „Wanderungen durch die Mark Brandenburg" beschrieben. Neben Waldbaden und Mountainbike-Fahren, kann man die Müggelberge auch besteigen. Hier lohnt sich der kleinere von beiden, denn ihn schmückt seit 1889 ein Aussichtsturm. Der heutige Müggelturm wurde 1961 erbaut, und man versucht heute wieder – nach jahrelanger Schließung – an die Popularität der DDR-Zeiten anzuknüpfen. Je nachdem von welcher Seite man den Berg erklimmt, gibt es eine asphaltierte Straße oder eine ewig lange Treppe mit vielen Stufen. Und dazu zählen die 126 Stufen, die man dann noch den Turm hinaufmuss, nicht. Verschnaufen kann man, während man sich eine Marke für den Turm kauft. Kommt man oben außer Atem

TIPP *Mit der Komödie „Hai-Alarm am Müggelsee" wurde dem See ein spaßiges Denkmal gesetzt.*

an, wird man belohnt, denn es bietet sich eine wirklich fantastische Aussicht über ein dichtes, grünes Berlin an. Man kann von hier zu dem 114,7 Meter hohen großen Müggelberg hinübersehen, auf dem eine Funkstation steht, bis zum Langen See oder bis zum Fernsehturm. Ein weiteres Highlight kann man von hier oben auch sehen: das Lehrkabinett Teufelsee der Berliner Forsten. Wer neugierig ist und etwas über die urwüchsige Müggellandschaft erfahren will, ist hier seit 1972 herzlich willkommen. Laut einer Sage ist im Teufelssee ein Schloss versunken, was sich ab und zu zeigt. Vom Lehrkabinett ist es auch nicht mehr weit zum Großen Müggelsee. Was dem Westberliner sein Wannsee, war dem Ostberliner der Müggelsee. Am Ufer der glücklich machenden Naturoase liegt einer der bekanntesten Berliner Biergärten, der Biergarten „Rübezahl", wo sogar selbst geräuchert wird. Das Strandbad liegt auf der anderen Seite des Sees, die Reederei Kutzker setzt über.

⊙ **Müggelberge, 12559 Berlin**
⊙ **ÖPNV: Bus 169, Haltestelle Rübezahl**

Ein Park voller Brücken

67 Der Schlosspark Buch

Im Schlosspark Buch sucht man das Schloss vergebens. Es wurde 1964, nach dem Abriss der Orangerie einige Jahre zuvor, gesprengt. Sichtachsen und Blumenrabatten sind schon lange nicht mehr da, wenn auch ein Kenner die ursprüngliche Gestaltung des holländischen Barockgartens noch identifizieren kann – so habe ich mir sagen lassen. Trotz der fehlenden Hauptsehenswürdigkeiten – oder gerade deswegen – ist es hier in dem Park ganz wunderbar. Vielleicht weil man beim Durchlaufen des Schlossparks die adlige Geschichte spürt. Oder es liegt an den geschätzt 300 Jahre alten Eichen am Parkzugang. Oder an den Eiben und den Rhododendrongruppen, die neben den Linden, Stieleichen und Hainbuchen Spechten, Grauschnäppern und Höhlenbrütern einen Lebensraum bieten. Ich vermute aber, der Park ist vor allem wegen seiner vielen Brücken, die sich hier im Park über den Fluss Panke spannen, so beliebt. Berlin ist eh eine Stadt der Brücken, mit seinen insgesamt 1100 hat sie angeblich mehr als die Kanalstadt Venedig. Wenn man hier durchläuft, wundert einen das nicht.

TIPP In der Schlosskirche finden immer wieder kleine, feine Konzerte statt.

Die Brücken im Park sind nicht spektakulär und auch nicht mit steinernen Löwen oder hölzernen Schnitzereien: Sie sind sehr einfach aus Beton mit einem einfachen Metallgeländer. Aber das Einfache ist manchmal eben das Beste. Dezent fügen sie sich im dichten wilden Wald des Parks ein, als wollten sie den stillen Teichen nicht die Show stehlen. Schnell ruhen hier die Gedanken im Kopf, wie der Teich vor einem. Wer nach so viel Natur doch noch etwas Architektur will, für den gibt es die erhaltene barocke Schlosskirche, die früher zum Parkensemble gehörte. Zwar ohne Turm, aber dennoch mit ihrem kräftigen rosa Farbton ein hübscher Hingucker. Auch der Haupteingang mit seinem Portal von 1760 deutet die Prachtgebäude von einst an. Doch genau genommen merkt man auch, dass dem jetzigen Gartendenkmal und Naturschutzgebiet das Schloss gar nicht fehlt. Der Park selbst ist das Prunkstück, einfach und gut!

● Schlosspark Buch, 13125 Berlin
● ÖPNV: S2, Haltestelle Berlin-Buch

Den Kopf freikriegen

 68 *Das Lindenufer in Spandau*

In der Altstadt Spandau lässt es sich hervorragend für alle shoppen, die keine überdachten Einkaufscenter mögen. Hier sind noch ganz klassisch die Läden in einer Fußgängerzone nebeneinander, und ganz nebenbei läuft man an historischen Gebäuden vorbei, wie dem Gotischen Haus, Berlins ältestem Bürgerhaus, oder dem „Wendenschloss", einem ehemaligen Ackerbürgerhaus. Wer nach Kultur und Konsum die Natur braucht, der orientiert sich in Richtung des imposanten Rathauses, denn dahinter liegt das neu gestaltete Lindenufer. Die 800 Meter lange Promenade an der Havel lädt brennende Füße und erschöpfte Köpfe zu einer Erholung auf dem Rasen oder einer Bank ein. Am besten, man nimmt sich aus der Altstadt ein wenig Essen und Trinken mit, dazu eine neue Zeitschrift und kommt damit hierher. Denn unter den hohen Bäumen lässt es sich ganz wunderbar pausieren.

Die charmante Grünanlage liegt genau an der Stelle, wo Havel und Spree zusammenfließen. Trifft man hier auf mehrere Radfahrergruppen, dann sollte man sich nicht wundern, denn der Havel-Radweg führt auch genau an dieser Stelle vorbei. Allerdings ist das Durchkommen

TIPP Der Weihnachtsmarkt in der Altstadt, ist einer der größten der Stadt.

an manchen Tagen erschwert, denn auch Ausflugsdampfer werden hier bestiegen, und so bilden sich lange Schlangen und Trauben von aufgeregten Ausflüglern auf dem Weg.

Kaum vorstellbar, dass hier früher die Stadtmauer samt Befestigungsanlage stand. Das Batardeau, ein Wasserregulierungsbauwerk von 1845, erinnert heute noch daran. Und wo es sich heute so gut entspannen lässt, schützte einst eine Mauer die Stadt Spandau. Wer mehr darüber erfahren möchte, der geht am Ende der Promenade über die Juliusturmbrücke und besucht die Zitadelle Spandau, eine der besterhaltenen Festungen der Hochrenaissance in Europa und mit seinen Ausstellungen und Veranstaltungen auf alle Fälle ein Besuch wert. Aber jetzt keinen Stress, die steht hier schon seit dem 16. Jahrhundert, und da kommt es nicht auf ein paar Minuten an, die man noch gut hier am Lindenufer verbringen kann.

● Lindenufer, 13597 Berlin
● ÖPNV: S3, S9, Haltestelle Spandau; U7, Haltestelle Rathaus Spandau; Bus 130, Haltestelle Breite Straße/Markt

Alpen-Freundschaft

 Am Spreeufer im Österreichpark

Am Ufer der Spree gibt es fast nur schöne Orte zum Entspannen – einfach nur die Seele baumeln lassen. Mit einer der schönsten Orte befindet sich zwischen Caprivi- und Schloßbrücke in Charlottenburg. Seit 2013 hat Österreich die Patenschaft seines eigenen Platzes an der Sömmeringstraße übernommen und hier eine kleine steiermärkische Oase geschaffen, die in einem die Sehnsucht nach Alpen, Kühen und Kaiserschmarren weckt. Auf dem Platz wurde ein alpiner Steingarten mit original rustikalen Salzburger Almbänken angelegt, von denen aus man die ganze florale Pracht bewundern kann. Neben der wilden Almwiese sind bunte Stiefmütterchen, Enzian, Silberdistel und Pfingstrosen inmitten heller Kärntner Granitbrocken gepflanzt, während hinter einem die Allee aus steirischen Apfelzierbäumen Spalier steht. Weiter hinten findet sich ein Gemüsebeet, wo man den Tomaten beim Wachsen zuschauen möchte. Die Patenschaft erstreckt sich über den Platz hinaus auf ungefähr 200 Meter weiter bis zum Ufer der Spree. Wer nicht auf dem Rasen liegen mag, für den bieten zwei breit geschwungene Donausteigliegen aus Holz eine herrliche Auszeit mitten im Großstadtgetümmel. Von der Stadt bekommt man auf diesem Fleckchen zum Glück nicht viel mit. Ab und an fährt ein Boot vorbei, wer selbst Lust auf eine Kanaltour bekommt, der kann hier bei der Dampferanlegestelle auch gleich zusteigen. Ansonsten lässt sich auch der nette Biergarten neben der Caprivibrücke empfehlen. Neben einem neuen Spielplatz mit niedlichen Holzmurmeltieren steht den Erwachsenen ein Sportgerätebereich zur Verfügung. Aber bloß kein Stress. Die Gelassenheit der Österreicher darf und sollte hier gelebt werden. Hier lässt sich der Tag gut verbringen – Blick aufs Wasser und aufs gegenüberliegende Ufer inklusive. Selbst der heißeste Großstadtsommer ist hier wunderbar aushaltbar. Eh kloar!

TIPP Über die Schlossbrücke spazieren, und schon steht man im Garten des Schlosses Charlottenburg.

● Österreichpark, Sömmeringstraße, 10589 Berlin
● ÖPNV: U7, Haltestelle Richard-Wagner-Platz; Bus X9 Haltestelle Quedlinburger Straße

Vom Fliegen träumen

70 *Der Lilienthalpark in Lichterfelde*

In Lichterfelde scheint ein Ufo gelandet zu sein. Mitten in einer beschaulichen Einfamilienhaussiedlung, in einer sauber angelegten Grünfläche mit Wasserbecken und unbeeindruckt schnatternden Enten. Ein guter Ort, um vom Weltall aus zu landen. Natürlich handelt es sich nicht um ein unbekanntes Flugobjekt, was da oben auf dem Fliegerberg thront, sondern um eine Gedenkstätte zu Ehren des Flugpioniers Otto Lilienthal, der sich hier im Jahr 1894 aus Abraum einer nahen Ziegelei einen 15 Meter hohen Berg aufschütten ließ, um mit seinem selbst gebauten Gleitapparat am Rand von Berlin Flugversuche zu unternehmen. Tatsächlich ist es ihm sogar gelungen. Nun erinnert seit 1932 ein Aussichtspavillon an Lilienthal und seine Flugversuche: eine runde Säulenhalle mit offenem Dach – um die Verbindung von Himmel und Erde zu symbolisieren –, die in der Mitte eine bronzene Weltkugel beherbergt. Dass das Bauwerk wie ein Ufo aussieht, würde ihn sicher freuen. Zumindest mehr als der Spitzname „Spirituskocher", den der Pavillon nach seiner Eröffnung von den Berlinern erhielt. Am Fuße des Fliegerbergs

TIPP Den Park Ende April besuchen, dann blühen die japanischen Kirschbäume.

tummeln sich Jung und Alt, besetzen die roten Bänke oder liegen unter den Bäumen, während auf dem Wasser große und kleine Kinder ihre Spielzeug-Motorboote fahren lassen. Wer es sportlich mag, kann sein Boule-Spiel mitbringen und die extra gefertigte Sandbahn dafür benutzen oder den bereits spielenden Leuten dabei zugucken.

Der Lilienthalpark besteht nicht nur aus der Gedenkstätte, sondern schließt einen kleinen Park samt Karpfenteich mit ein. Wer mit Kindern da ist, den wird nicht nur das Wettrennen über die vielen Stufen auf den Berg erfreuen, sondern auch der schöne Spielplatz, der sich zwischen den Bäumen versteckt. Es ist schön hier zu sitzen und zu denken, dass doch genau dafür so ein Platz da ist: um Menschen allen Alters, aller Schichten zusammenzubringen. Otto Lilienthal hatte das vielleicht auch mit seinem Flugapparat vor, und jetzt ist es ihm hier in Lichterfelde gelungen, wenn auch ganz anders, als er vielleicht dachte.

● Otto Lilienthal Gedenkstätte, Lilienthalpark, 12209 Berlin
● ÖPNV: Bus 284, Haltestelle Lilienthalpark

Zeitreise ins Glück

 Das 50er-Jahre Filmtheater Adria

„… mach dir ein paar schöne Stunden – geh ins Adria" steht auf einem alten Filmplakat im Foyer, und genau das sollte man sich zu Herzen nehmen, wenn man hierherkommt. Denn das persönliche Programm fängt hier nicht erst zur Kinovorstellung an, sondern – und das ist am besten – schon etwas früher im Grünen. Das Filmtheater Adria in Steglitz hat auf seinem Vorplatz ein kleines Gartencafé, was zum Verweilen bei einer Limo oder einer Weinschorle unter den schönen alten Bäumen einlädt. Wer eine Stärkung braucht und nicht bis zum Popcorn im Kinosaal warten möchte, bekommt neben Snacks auch eine echte Berliner Currywurst mit hauseigenem Ketchup. Ja, die Straße daneben ist schon laut, aber wir sind halt in Berlin, und einen echten Berliner macht totale Stille eher nervös, als dieses bisschen Großstadtgetümmel. Und eine dichte Hecke und der leicht erhöhte Platz sorgen schnell dafür, dass man die Umgebungsgeräusche auch ausblenden kann. Es lässt sich wirklich gut im Café auf den Filmbeginn warten, etwas runterkommen und auf die weiteren schönen Stunden freuen.

TIPP *Ein Besuch im Schlosspark Theater, es ist gleich nebenan!* Die Adria Lichtspiele wurden 1952 als Flachbau mit sechs Säulen erbaut. Und genau diesen 50er-Jahre-Charme hat sich das Kino über die Jahre glücklicherweise erhalten. Tritt man durch die Glasschwingtüren in die Vorhalle, begrüßen einen die mintgrün abgesetzten Flächen auf der eierschalenfarbenen Wand und die alten Kassenhäuschen. Filmbilder und alte Wandlampen sowie das ganze freundliche Ambiente machen Lust auch hier eine Weile zu sitzen und einfach nur ein bisschen in einer anderen Zeit zu schwelgen. Sofort hat man einen Rock'n' Roll-Beat im Ohr, und manch eine sieht sich in Gedanken schon im Petticoat. Der Saal mit seinen 275 Plätzen ist hingegen technisch auf neuem Stand, die Ledersitze sind neu, breit und bequem, es gibt eine Ablagefläche und viel Beinfreiheit. Das beglückende Sahnehäubchen ist hier jeden Samstag um 11 Uhr: Beim „Französischen Filmfrühstück" kann man dann mit Savoir-vivre entspannt in das Wochenende starten.

Adria Filmtheater, Schloßstraße 48, 12165 Berlin
www.cineplex.de
ÖPNV: U9, S1, Haltestelle Rathaus Steglitz; Bus 188, 283, M48, Haltestelle Schlossparktheater

Wie im Märchen

72 *Schlosspark Köpenick*

Im Jahr 1712 gab es hier im Schlosspark das große Wunder: eine blühende Aloe. An der 10 Meter hohen Pflanze mit ihren 44 Armen zählte man 7277 Blüten. Dieses in unseren Breitengraden seltene Naturereignis lockte viele Besucher an, sogar den russischen Zaren Peter I., den Großen. Diese Wunderaloe gibt es heute im Schlosspark Köpenick nicht mehr zu bestaunen, doch es braucht auch keinen Grund hierherzukommen. Der Park samt seinem barocken Schloss, das auf einer Insel im Fluss Dahme liegt, ist Grund genug. Man betritt die Insel über eine hölzerne Brücke, tritt durch ein steinernes Tor und fühlt sich gleich ganz wie im Märchen. Auf dem großen Platz vor sich, sieht man in Gedanken die Kutschen vorfahren. Wenn man jetzt einen gläsernen Pantoffel finden würde, man würde sich nicht wundern. Das Zeugnis aus der Zeit der großen Kurfürsten entstand 1677–1689, allerdings hatte Kurfürst Joachim II. gut 100 Jahre zuvor hier bereits ein Jagdschloss und die Slawen schon im 8. oder 9. Jahrhundert hier eine Burg errichtet. Man wusste diesen schönen Ort schon immer zu schätzen. Wenig später um eine Schlosskirche ergänzt, ist das Ensemble

TIPP Ein Bummel durch die mittelalterliche Altstadt Köpenick mit seinen Fachwerkhäusern.

samt historischer Toranlage und Wirtschaftsgebäuden heute so gut wie im Originalzustand anzusehen. Im Schloss selbst findet sich die Dauerausstellung „Raumkunst aus Renaissance, Barock und Rokoko". Der Schlosspark wurde mehrfach umgestaltet und hat heute keine historischen Bezüge mehr, was seiner grünen Lieblichkeit aber keinen Abbruch tut. Er ist an drei Seiten vom Wasser umgeben, und es lässt sich herrlich von den Bänken aufs Wasser blicken, auf die Boote und Jachten oder auf die Köpenicker, die sich hier bei schönem Wetter am Ufer sonnen. Warum auch weit fahren, wenn man hier alles für ein Sonnenbad hat? Auf den Wiesen im Park wird unter den alten Bäumen gespielt und Musik gehört. Der 350 Jahre alten Flatterulme ist das sicher recht. Sie hat so viel hier erlebt. Bestimmt hütet sie auch etliche wahr gewordene Märchen von Liebespaaren, die sich hier getroffen haben. Mit oder ohne gläsernen Schuh.

● Schloss Köpenick, Schlossinsel 1, 12557 Berlin
www.smb.museum/museen-und-einrichtungen/schloss-koepenick/home.html
● ÖPNV: Bus 162, 164, 169, Tram 27, 61, 62, 63, 67, 68, Haltestelle Schlossplatz Köpenick

Bäume umarmen

73 Die Dicke Marie im Tegeler Forst

Seit einigen Jahren ist Waldbaden oder Shinrin Yoku, wie es die Japaner nennen, auch bei uns populär geworden. Es ist sogar wissenschaftlich bewiesen, dass ein Aufenthalt im Wald die Herzfrequenz und den Blutdruck senkt, Stresshormone reduziert, Angst und Müdigkeit vertreibt und das allgemeine Wohlbefinden steigert. Das liegt an den freigesetzten Phytonziden, die wir im Wald einatmen. Es gibt also keinen Grund, nicht noch heute einen Berliner Wald aufzusuchen und dort einzutauchen. Der Tegeler Forst bietet sich wunderbar dafür an. Wer möchte, kann hier auch einen Zwischenstopp am klassizistischen Schloss Tegel machen und sich das ehemalige Elternhaus der Brüder Humboldt ansehen. Wer aber beim Waldbaden bleiben möchte, dem sei der zweite Schatz nahe dem Schlosspark empfohlen, der sich bei der Großen Malche hinter der Gaststätte Waldhütte versteckt. Die wahrscheinlich älteste Eiche Berlins, die „Dicke Marie". Sie soll rund 900 Jahre alt sein, was bedeutet, dass sie schon einiges erlebt hat. Im Jahr 1778 soll sogar Goethe unter ihr gestanden haben. Aber erst um 1800 hat sie ihren Namen von den Brüdern Humboldt erhalten, die sie nach der kräftigen Schlossköchin benannt haben. Für ihr Alter hat sich die Eiche wirklich gut gehalten, wahrscheinlich weil sie jeden Tag waldbadet. Dieses Naturdenkmal hat eine Höhe von 20 Metern und einen Umfang von 7 Metern. Nichts wäre schöner, als die Dicke Marie mal zu umarmen, die Wange an die Rinde zu legen, ganz präsent zu sein und ihr zu danken, doch wenn das jeder bei der alten Dame machen würde, wäre sie wahrscheinlich nicht mehr so gut in Schuss. Sie ist deswegen auf etwas Abstand bedacht und wurde zum Schutz mit einem kleinen Holzzaun abgegrenzt. Aber zum Glück gibt es um sie herum ganz viele andere Bäume, denen man sich nähern kann, um das kostenlose Tree hugging oder die französische Sylvotherapie anzuwenden. Also keine Scheu, sondern präventiv ran an den Baum, aber immer mit Respekt und Vorsicht.

TIPP Die Burgsdorf-Lärche, der höchste Baum Berlins, steht etwa 2 Kilometer westlich von der Dicken Marie.

● Eichenbaum Dicke Marie, An der Malche 1, 13507 Berlin
● ÖPNV: Bus 124, 133, 220, 222, Haltestelle An der Mühle

Rad schlagen vor Glück

 Die Pfaueninsel

Die Pfaueninsel ist ein Berliner Besuchsklassiker für Einheimische und Touristen gleichermaßen. Und wie das bei Klassikern so ist, irgendwann vergisst man sie oder schiebt den Besuch doch wieder auf, weil die Insel immer da ist und andere Sachen in der Stadt aufregender und neuer sind. Bis jetzt! Denn diesem Klassiker darf und sollte man mal wieder einen Besuch abstatten. Das hier ist das Zeichen dafür. Hierbei fängt der Besuch aber schon vor dem Betreten der Insel an. Man steigt am S-Bahnhof Wannsee mit seinem BVG-Ticket in den historischen Doppeldeckerbus 218 und lässt sich dann über die Königsallee, durch den Grunewald bis zur Fährstation vor der Insel chauffieren. Dort lässt man sich dann zur Insel übersetzen und folgt nur noch dem eigenen Gefühl, wohin es einen auch zieht. Egal wo man langgeht, es wird richtig sein, denn auf dieser Insel ist einfach jedes Plätzchen ein richtiger Glücksort. Das einstige Kaninchenwerder wurde Ende des 18. Jahrhunderts mit exotischen Bäumen und Tieren beheimatet und verdankt den angesiedelten Pfauen, deren Nachfahren noch heute hier leben, seinen Namen.

TIPP *Vom Schloss aus bis zum Neuen Garten in Potsdam schauen.* Es ist erstaunlich wie viele Pfauen hier freilebend herumlaufen und vor den Gästen prächtig ihr buntes Rad schlagen. Kein Geringerer als Peter Joseph Lenné legte hier den malerischen Landschaftspark an, durch den man einige Stunden lustvoll wandelt. Durch die ständig wechselnden Blick- und Wegachsen weiß man nie, was einen Zauberhaftes nach der nächsten Biegung erwartet. Und ja, die Wasserbüffel sind überraschend, aber die natürlichen Rasenmäher auf den artenreichen Feuchtwiesenbiotopen. Das Wahrzeichen des Weltkulturerbes und Naturschutzgebietes ist das romantische weiße Lustschloss, das mit seinen zwei Türmen einer mittelalterlichen Burgruine gleicht. König Friedrich Wilhelm II. ließ es für seine Geliebte Wilhelmine Encke und sich errichten. Spätestens wenn man im prächtigen und ältesten Rosengarten der Stadt sitzt, weiß man, dass man das nächste Mal nicht so lange mit dem Besuch wartet.

Pfaueninsel, 14109 Berlin
www.spsg.de/schloesser-gaerten/objekt/pfaueninsel/
ÖPNV: Bus 218, Haltestelle Pfaueninsel

Grüner Samstag

75 *Der Wochenmarkt auf dem Karl-August-Platz*

Manchmal findet sich das Glück nicht in Abgeschiedenheit und Ruhe, sondern mitten im Gewusel einer Menge echter Berliner: Zwischen mediterranen Aufstrichen und Biogemüse, neben Espresso und bretonischen Galettes, vor einer der legendärsten scharfen Currywurst-Buden mit einem Ohr bei dem älteren Paar, das sich über das sonntägliche Mittagessen berät, mit den Augen bei der nicht zu widerstehenden Käse-Kostprobe und dem anderen Ohr bei den Überlegungen zur Kindererziehung des frischgebackenen Elternpaares, das vor einem in der Schlange stehen. Hach ja, atmet man zufrieden durch, und nebenbei erledigt man sogar noch den Einkauf. Dieses Glück findet sich mittwochs und samstags auf dem Wochenmarkt unter dem Blätterdach der Platanen auf dem Karl-August-Platz in Charlottenburg. Neben den Märkten auf dem Winterfeldtplatz, am Maybachufer und dem Ökomarkt am Kollwitzplatz ist dieser einer der schönsten der Stadt. Die bis zu 100 Stände sind rund um die evangelische Trinitatiskirche aufgebaut, aber mit genug Freiraum dazwischen, um sich auf den Bänken bei den Rasenflächen auszuruhen, zu quatschen oder den tobenden Kindern auf den beiden

TIPP In der Kirche finden zu den Marktzeiten auch Andachten statt.

Spielplätzen zuzusehen. Auf dem Markt trifft man garantiert jemanden, den man kennt, falls nicht, kann man hier trotzdem sofort entspannt mit jemandem ins Gespräch kommen. Die Stimmung auf dem Platz ist gut, die eigene Laune auch bestens. Aber wie sollte es auch anders sein, wenn es um einen herum so viel Leckeres gibt? Man muss mehrmals seine Runde drehen, um auch alles zu sehen und um immer wieder auf neue Ideen zu kommen, was man mal essen und kochen könnte. Und an den farbenprächtig lockenden Blumenständen kommt man schwerlich vorbei, ohne etwas zu kaufen. Wer von dem Angebot überfordert ist, dem bieten die angrenzenden Restaurants und Cafés ihre Speisen an. Aber Vorsicht, leicht machen die es einem auch nicht, denn von persischen Köstlichkeiten bis zur echten Berliner Küche mit Molle ist die Auswahl auch hier sehr groß.

● **Wochenmarkt am Karl-August-Platz, 10627 Berlin**
● **ÖPNV: U7, Haltestelle Wilmersdorfer Straße; Bus 309, M49, X34, X49 Haltestelle Wilmersdorfer Straße/Kantstraße**

Ruhiger Geist

 76 *Das Mies-van-der-Rohe-Haus am Obersee*

Weil die Straße einen an Plattenbauten und Einfamilienhäuschen vorbeiführt, schaut man lieber noch mal nach, ob man wirklich richtig ist. Schließlich ist man auf dem Weg zu einem Architekturdenkmal, welches man sich hier in der Gegend kaum vorstellen kann. Dann läuft man noch fast an dem bescheidenen Haus vorbei, wenn einem nicht rechtzeitig die dezente Hinweistafel an dem offenen Gartentor ins Auge fällt. Doch damit ist man schon genau beim Thema. Nach dem Motto des Minimalismus „weniger ist mehr" hat sich hier einer der wichtigsten Architekten des 20. Jahrhunderts verewigt. Mies van der Rohe hat 1933 den Bungalow für das Ehepaar Lemke entworfen. Sein damals vorerst letztes Wohnhaus in Deutschland, da er nach der Schließung des Bauhauses in Dessau, wo er von 1930 bis 1933 als Direktor fungierte, und weiterer Repressalien der Nationalsozialisten in die Vereinigten Staaten von Amerika emigrierte. Man merkt den bescheidenen, unmöblierten Räumen des Bungalows an, dass er seine Idee mit minimalistischen Mitteln eine maximale Qualität zu schaffen, nähergekommen ist. Ebenso verhält es sich im

TIPP Besuch der Neuen Nationalgalerie, das letzte deutsche Bauwerk von Mies van der Rohe.

schlichten Garten, der vom Büro des Staudenzüchters Karl Foerster in Potsdam-Bornim, nach dem Mies'schen Entwurfskonzept geplant wurde. Geht man die Steinplatten an der Hecke entlang, die eine natürliche Verlängerung des Hauses schaffen, schaut man den Walnussbaum an, der das Zentrum des Gebäudes markiert, spürt man, wie Innen und Außen miteinander harmonieren und eine Einheit bilden. Wenn man das nicht merkt, ist es auch nicht schlimm, denn es ist hier im Garten am Obersee einfach wunderbar ruhig und schön. Der zurückhaltende Garten lädt den Geist ein, ruhig zu werden, da nichts ablenkt, wenn man einfach auf einer der Bänke sitzt und schaut. Alles, was japanische Zen-Gärten versprechen, findet man hier in Lichtenberg auch. Ein Besuch des Anwesens sowie der Ausstellungen im Haus lohnt sich definitiv.

▶ **Mies van der Rohe Haus, Oberseestraße 60, 13053 Berlin**
www.miesvanderrohehaus.de
▶ **ÖPNV: Tram 27, Haltestelle Am Faulen See**

Himmlisch urbanes Gärtnern

 Das himmelbeet im Wedding

Diesen Glücksort habe ich nicht gesucht, dieser hat mich gefunden. Auf meinem Spaziergang durch den Wedding stoppte mich sein wildes Grün und sein buntes Willkommen-Schild kurz vor einer Ecke. Betritt man das einladende himmelbeet, spürt man sofort, wie wichtig diese Fleckchen in der Großstadt sind. Und wie wichtig die Menschen, die so etwas Tolles gemeinnützig auf die Beine stellen. Es empfangen einen 300 Hochbeete, in denen es grünt und blüht. Von Kräutern über Salat bis zu schmackhaften Blumen für die eigenen himmelbeet-Bienen ist alles vertreten. Einige von den Beeten sind von Kitas oder Seniorenstätten gepachtet, andere stehen zur freien Verfügung, für alle, die Lust haben, mit den Fingern in der Erde zu wühlen und etwas anzupflanzen. Ökologisch samenfestes Saatgut, Blumen und Setzlinge können hier auch gleich erstanden werden – auch von denjenigen, die ihren Balkon bestücken wollen. Wer nur ernten will, darf das hier auch. Auch vor Ort ist eine Fahrradwerkstatt, in der einem geholfen wird, seinen Drahtesel selbst wieder fit zu kriegen, nebst einem Büchertausch- und einem Zu-ver-schenken-Regal. Damit man bei der Gartenarbeit nicht

TIPP *Jeden Donnerstag kann der eigene Teig ab 18 Uhr im Steinbackofen gebacken werden.*

hungert und durstet, gibt es in dem kleinen Café, was liebevoll aus Paletten und Lehm in ehrenamtlicher Arbeit entstand, leckeres Essen und kühlende oder wärmende Getränke. Man darf aber auch die eigenen Stullen mitbringen. Nach wenigen Minuten ist man hier tiefenentspannt. Jeder ist willkommen, ob man gleich mitmachen will oder nur zuschauen und genießen. Man kommt schnell ins Gespräch, es wird gelacht und zwischendrin laufen barfüßige Kinder mit Schaufeln neben älteren Weddingern mit Gießkannen geschäftig umeinander rum. Leider sind diese grünen Stadtpflänzchen immer wieder von der Existenz bedroht, wenn sie ihre Wurzeln auf lukrativem Bauland geschlagen haben. Auch das himmelbeet muss sicher irgendwann weichen. Deswegen hingehen, genießen, unterstützen – solange es geht.

▶ himmelbeet Gemeinschaftsgarten, Ruheplatzstraße 12, 13347 Berlin
www.himmelbeet.de
▶ ÖPNV: U6, U9, Haltestelle Leopoldplatz; Bus 247, 327, Haltestelle Maxstraße

Demut vor der Natur

78 Der Comenius-Garten in Rixdorf

„Die Natur fördert nichts zutage, was nicht im Inneren gereift, hervor-zubrechen strebt", ist ein Zitat vom tschechischen Theologen und Päda-gogen Johannes Amos Comenius, vor dessen Garten ich in Neukölln stehe und beim ersten Mal nicht hineinkomme. Enttäuscht trete ich den Rückweg an, um mich zu Hause besser über den Garten und seine Öff-nungszeiten zu informieren. Und siehe da, er war gar nicht verschlossen, nur den kleinen silbernen Summer hätte ich betätigen müssen, um mich selbst hereinzulassen. Diese Lektion habe ich somit gelernt: Den Garten besucht man eben nicht einfach so, sondern informiert, gereift und mit Respekt. Ein bisschen stolz betritt man nun den philosophischen Garten, fühlt sich als Eingeweihter, der hier um die angelegten acht Schulbereiche als Lebensweg weiß: Er beginnt mit einem Walnussbaum am Richard-platz, als Schule des vorgeburtlichen Werdens, im Garten selbst findet sich die Entwicklung vom Kind zum Studenten und endet am Böhmi-schen Gottesacker, der Schule des Todes.

Aber auch für Nichteingeweihte ist das Fleckchen Erde ganz wunderbar anzusehen. Birnen- und Kirschbäume wachsen neben Sta-

TIPP Der karitative Rixdor-fer Weihnachtsmarkt am 1. Adventswochenende ist ein Muss.

chelbeeren, die bunten Kräuterwiesen passen hervorragend zu den duftenden Kletterrosen, und wer mag, darf das alles auf der Liegewiese genießen. Der hölzerne Pavillon, als Symbol für das Seelenheil der Menschen, bietet Ruhe zur stillen Einkehr. Vor gut 20 Jahren wurde das kleine Paradies hier auf einem ehemaligen Schuttgelände geschaffen, und man kann es sich nicht mehr wegdenken. Schön fügt es sich auf dem Flurstück zwischen den Altbauten des geschäftigen Zentrums von Rixdorf ein. Einige historische Bauten gibt es hier zu sehen: die fast 400 Jahre alte Rixdorfer Schmiede oder die Bethlehemskirche aus dem 15. Jahrhundert. Gleichzeitig bietet es einen zu erkundenden Naturraum für die Kinder der Gegend. Wun-derbar gereift fühle ich mich nach dem Besuch, um auch beim Rausgehen wieder an der Pforte zu scheitern. Denn auch hier muss der Summer be-tätigt werden. Ich werde wohl noch ein paarmal wiederkommen müssen.

Comenius-Garten, Richardstraße 35, 12043 Berlin
www.comenius-garten.de
ÖPNV: U7, Haltestelle Karl-Marx-Straße

Wieder jung werden

79   *Der Britzer Garten*

Ich weiß nicht warum, aber kaum habe ich den Britzer Garten betreten, muss ich mir die Schuhe ausziehen und barfuß weiterlaufen. Irgendwie wird man hier ganz Kind und unbeschwert. Ich kann mich gerade so zurückhalten, nicht den ganzen Weg freudig entlangzuhüpfen, während ich unter den Bäumen Richtung der großen Wiesen- und Liegeflächen mit den zahlreichen Kunstobjekten sowie der prächtigen Sonnenuhr entgegenfiebere. Kindergartengruppen und Schulklassen spielen und erforschen hier die Natur oder schauen den Schafen und Ziegen zu, die mithelfen, den Rasen kurzzuhalten. Ein bisschen neidisch bin ich auf die ältere Gruppe, die gerade bei der Führung „Natur für Senioren" etwas über die Libelle lernt. Dafür habe ich Glück, denn bei den im Park verteilten Klettergerüsten ist die Schaukel frei. Ich setze mich drauf und schaukle los. Das macht man viel zu selten. Meistens sind Schaukeln besetzt, oder es ist einem unangenehm, weil man denkt, die anderen Erwachsenen gucken. Hier darf man das kurz vergessen, denn schaukeln ist wirklich ganz wunderbar. Ich kann es nur von ganzem Herzen emp-

TIPP   Die blühenden Sonderschauen wie die Tulpenschau oder das Feenfest im Rhododendronhain besuchen.

fehlen. Und während ich den Schaukelwind in meinen Haaren genieße, geht mein Blick auf die beruhigende Seenlandschaft. Dank der frei verfügbaren Stühle und Liegen kann sich hier jeder seinen Ausblick bauen, wie er möchte. Der Garten wurde im Rahmen der Bundesgartenschau 1985 eröffnet, und es fühlt sich an, als sei er erwachsen geworden. Wollte er damals etwas darstellen und sich mit seinem Rosengarten und den Blumenbeeten besonders schön präsentieren, darf er heute ganz er selbst sein. Immer noch wunderschön, aber unaufgeregt und gelassen ruht der Garten heute, wie ein guter Rotwein oder eine weise alte Dame, die weiß, was sie kann und wer sie ist. So gut behütet darf man als Besucher hier Kind werden. Was für ein Geschenk!

Britzer Garten, Sangerhauser Weg 1, 12349 Berlin
www.gruen-berlin.de/britzer-garten
ÖPNV: Bus 181, Haltestelle Rotkopfweg (Eingang Mohriner Allee); Bus M44,
Haltestelle Dachdeckerweg

Hin & weg

80 Start- und Landebahn des Flughafens Tegel

Sonne-Wolken-Mix. Ostwind. Von Weitem sieht man schon die Verschalung in der Sonne glitzern, dann wird er schneller und schließlich hebt er ab. Fliegt einem quasi über den Kopf hinweg, in die Wolken, irgendwohin. Und während man auf der Mauer sitzend und Füße baumelnd dem Flugzeug nachsieht, steigt in einem eine kindliche Freude auf. Vielleicht bekommt man etwas Fernweh, auch mal wieder zu verreisen oder jemanden zu besuchen, der weit entfernt wohnt, aber ansonsten will man gerade nicht tauschen. Denn hier an diesem Ort zu sitzen, macht einen glücklich genug. Ich gebe zu, die staubigen Sträucher, in denen man steht oder bei denen man sitzt, während der Blick auf das grüne Rollfeld des Flughafens Tegel geht, ist eine besondere Definition von grünem Glücksort. Aber da sich hier so viele unterschiedliche Leute tummeln, die alle ein Lächeln im Gesicht haben, ist dieser Ort tatsächlich ein Glücksort mit ein bisschen Grün drum herum. Der Papa zeigt den Kindern die Flugzeuge, junge Pärchen finden es hier romantisch und die Technikfreunde fachsimpeln. Einfach nur mal kurz gucken oder auf

TIPP Auf der ehemaligen Landebahn beim Tempelhofer Feld spazieren gehen.

eine Getränkelänge sitzt man hier, an einer Anhöhe bei einer Autobahnauffahrt, dahinter liegt das Rollfeld. Im Rücken das Fußballfeld eines Vereins und ruhige Einfamilienhäuser. Einige der vorbeifahrenden Autos hupen einem freundlich zu, winken sogar, und man winkt zurück. Es ist wirklich ein bisschen schräg, aber gut schräg. Ist der Großflughafen Berlin-Brandenburg fertiggestellt, wird es spannend, was hier dann passieren wird. Vielleicht wird es ein Freizeitgelände wie der stillgelegte Flughafen Tempelhof oder doch eine Wohnsiedlung, oder beides ein bisschen. Auf jeden Fall sollte man sich diesen Ort angesehen haben, solange es noch geht. Am besten zwei Mal, denn bei Westwind kann man dann die Landungen beobachten.

○ Meteorstraße, Ecke Uranusweg, 13405 Berlin
○ ÖPNV: Bus 125, 221, Haltestelle Uranusweg

Bibliografische Informationen der Deutschen Nationalbibliothek
Die Deutsche Nationalbibliothek verzeichnet diese Publikation in der Deutschen Nationalbibliografie;
detaillierte bibliografische Daten sind im Internet über http://dnb.d-nb.de abrufbar.

© 2020 Droste Verlag GmbH, Düsseldorf
Konzeption/Satz: Droste Verlag, Düsseldorf
Einbandgestaltung und Illustrationen: Britta Rungwerth, Düsseldorf unter Verwendung von Bildern von
© Fotolia.com: jd – photodesign.de; © iStock: Plociennik Robert
Fotos: Liane Purol, außer: S. 85: Klunkerkranich/Julian Nelken
Druck und Bindung: Gutenberg Beuys Feindruckerei GmbH, Langenhagen
ISBN 978-3-7700-2160-4

www.drosteverlag.de